요한계시록 강해 ㅣ 박 성 문 지음

I am comimg soon!

요한계시록 강해 | 박 성 문 지음

도서출판 세줄

책 머리에

이 설교집은 작정새벽기도 기간 동안 말씀을 전한 것을 그대로 책으로 엮은 것입니다. 작정기도가 시작되면서 연일 폭우가 쏟아지고 고온다습한 날씨가 계속되었으나 첫 날 380명, 둘째 날 400명이 넘는 성도가 새벽기도에 참석했습니다. 4년 전 새벽기도 한 명으로 출발한 교회가 새벽기도 1, 2, 3부로 나뉘어졌으니 교회는 새벽기도와 함께 성장한 것입니다.

나는 에베소교회의 두란노 서원의 모델을 꿈꾸고 있습니다. 그 꿈은 바울이 2년 4개월 동안 두란노 서원을 중심으로 말씀사역을 했던 것처럼 새벽을 통하여 말씀이 선포되고 훈련되어 많은 이들이 흩어져 말씀사역자로 세워지는 비전입니다.

요즘같이 더운 날 새벽엔 자리도 비좁아 여간한 인내심이 없이
는 불편한 것이 한두 가지가 아닙니다. 찬송하고 기도할 때면 입과
몸에서 나는 열기와 냄새로 좁은 공간을 진동시키곤 하였습니다.
그래도 새벽을 깨우는 사람들, 특히 남자 성도들과 부부들이 새벽
에 열심을 보이는 것을 보면 나는 새벽을 위해 산다는 말을 할 수
도 있습니다.

이 설교집은 새벽 성도들과 함께 만든 것입니다. 그들의 초롱초
롱한 눈 빛, 열린 마음이 요한계시록을 해석하게 도와주었습니다.
부족한 내용을 위해 수고를 아끼지 않은 임승준목사님과 교우들에
게 진심으로 감사드립니다.

2007년 무더운 여름날에, 예정교회에서 박성문 목사

목 차

모든 열쇠를 가지신
예수 그리스도

성경본문
계시록 1장 1절 ~ 20절

1

모든 열쇠를 가지신 예수 그리스도

성경본문
계시록 1장 1절 ~ 20절

로마제국의 첫 번째 황제는 시저입니다. 시저가 부르터스에게 암살을 당하자 시저의 양아들 옥타비아누스와 안토니우스가 후계자의 자리를 놓고 서로 격돌을 벌이는데, 로마제국 전체가 둘로 나뉘어 그 싸움은 20년 동안 계속됩니다.

옥타비아누스는 클레오파트라와 연합한 안토니우스를 악티움해전에서 제압했으나 그를 따르는 장군들의 저항은 계속됩니다. 옥타비아누스는 20년 동안 반란을 완전히 진압한 후에 로마로 금의환향(錦衣還鄉)하면서 외친 것이 있는데, 그것은 강력한 로마("FAX ROMANA:로마의 평화"), 세계대제국의 로마입니다.

원로원에서는 그를 인정하고 그의 공을 높이 세워 새 이름을 지어줍니다. 그 이름이 "아우구스투스"입니다. 누가복음 2장 1절의 "가이사 아구스도"가 "아우구스투스"인데, 이 아우구스투스는 "신"이란 뜻입니다. 그때부터 로마의 황제 우상숭배가 시작되었고, 그를 신격화하고 로마황제를 보고 "주"라고 불렀습니다. 다시 말해서 하나님이라는 말입니다. 로마황제 이외 누구든지 "주"라 부르는 자는 사형에 해당하는 것이 당시 로마의 법이었습니다.

아우구스투스가 영(令)을 발하여 호적 영(令)을 내렸을 때 예수 그리스도가 탄생하게 됩니다. 1세기의 성도들은 예수 그리스도를 향해 "주"라고 불렀습니다. 1세기 성도들은 로마황제 이외 누구든지 "주"라고 부르는 자는 사형에 해당하는 것을 알고도 예수 그리스도를 "주"라 불렀습니다. 그러므로 자연스럽게 1세기 성도들에게 핍박과 고난이 계속해서 들어오게 되었습니다.

로마시대의 3대 박해로는 네로황제, 도미티안황제, 트라얀황제입니다. 지금은 도미티안황제 때의 사건입니다. 요한계시록의 기록 연대는 AD.90~96년 사이로 추정되며 다른 제자들은 다 순교당하고 요한은 지중해 연안의 작은 밧모 섬에 유배를 당하게 되었습니다. 사도 요한은 밧모 섬에서 부활하신 예수님을 다시 보게 됩니다.

요한계시록의 주제는 한 인물, 한 사람에 대해서 이야기하는데, 그는 예수 그리스도입니다. 앞으로 나타날 현상이나 일에만 초점을 맞추다보면 요한계시록 해석이 흔들립니다. 이점을 생각하면서 본문 1절을 보겠습니다.

> "예수 그리스도의 계시라 이는 하나님이 그에게 주사 반드시 속히 될 일을 그 종들에게 보이시려고 그 천사를 그 종 요한에게 보내어 지시하신 것이라"

계시는 예수 그리스도에 대한 것입니다. 그가 장차 오실 재림의 순서에 대한 계시를 보여줍니다. 하나님이 그에게 주사 반드시 속히 될 일을 그 종들에게 보이시려고 요한에게 지시하신 것입니다. 2절 보겠습니다.

> "요한은 하나님의 말씀과 예수 그리스도의 증거 곧 자기의 본 것을 다 증거하였느니라"

요한은 하나님의 말씀과 예수 그리스도의 증거, 자기가 본 것을 증거합니다. 요한은 이 "증거"라는 말을 요한복음과 요한서신에 이어서 계시록에서도 계속해서 사용합니다. 3절 보겠습니다.

> "이 예언의 말씀을 읽는 자와 듣는 자들과 그 가운데 기록한 것을 지키는 자들이 복이 있나니 때가 가까움이라"

3절에 예언의 말씀을 "읽는 자"는 단수로 되어 있습니다. 그리고 "듣는 자와 지키는 자"는 복수로 되어 있습니다. 그래서 다시 해석하면, 이 예언의 말씀을 "읽는 자와 듣고 지키는 자들"이 됩니다.

요한계시록에는 "말씀"이라는 단어가 모두 복수로 되어 있습니다. 그래서 "말씀"은 "말씀들"이 됩니다. 4절 보겠습니다.

"요한은 아시아에 있는 일곱 교회에 편지하노니 이제도 계시고 전에도 계시고 장차 오실 이와 그 보좌 앞에 일곱 영과"

"이제도 계시고 전에도 계시고 장차 오실 이"는 요한계시록의 해석방법을 가르쳐 줍니다. 해석방법은 과거적, 현재적, 미래적으로 종합해서 해석해야 합니다.

"장차오실 이"는 예수 그리스도를 가리킵니다.

6절에 보면, "그 아버지 하나님을 위하여 우리를 나라와 제사장으로 삼으신 그"는 예수 그리스도입니다. 그리고 7절에 "볼지어다 구름 타고 오실 그" 또한 예수 그리스도입니다. 이렇게 매절마다 예수 그리스도에 대한 증거, 예수 그리스도에 대한 계시를 보여주려고 하는 것이 요한계시록의 의도입니다.

그러면 요한계시록 1장 13~15절과 다니엘서 10장 5~6절을 서로 비교해 보겠습니다.

"그때에 내가 눈을 들어 바라본즉 한 사람이 세마포 옷을 입었고 허리에는 우바스 정금 띠를 띠었고 그 몸은 황옥 같고 그 얼굴은 번갯빛 같고 그 눈은 횃불 같고 그 팔과 발은 빛난 놋과 같고 그 말소리는 무리의 소리와 같더라"(다니엘10장: 5-6절).

"촛대 사이에 인자 같은 이가 발에 끌리는 옷을 입고 가슴에 금띠를 띠고 그 머리와 털의 희기가 흰 양털 같고 눈 같으며 그의 눈은 불꽃 같고 그의 발은 풀무에 단련한 빛난 주석 같고 그의 음성은 많은 물소리와 같으며"(요한계시록 1장 13-15절).

다니엘서 10장 5~6절은 다니엘이 본 예수 그리스도, 장차 올 예수 그리스도의 모습입니다. 다니엘이 본 예수 그리스도의 모습과 사도요한이 본 부활하신 예수 그리스도의 모습은 똑같습니다.

계시록 1장 13절에서 강조하는 것은 옷인데, 이 옷은 "세마포, 흰 옷, 발끝까지 끌리는 옷"입니다. 이 옷은 제사장이 입는 옷을 상징합니다. 예수 그리스도를 제사장의 모습으로 보여주고 있습니다.

두 번째로는 발인데, 발은 주석으로 되어 있습니다. 놋의 상징은 승리를 상징합니다. 예수 그리스도는 승리자이십니다. 예수 그리스도가 구름타고 오시는 것은 하나의 현상이 아니라 승리자의 모습입니다. 10절에도 보면 나팔 소리가 울려나는 것은 승리를 상징하는 나팔소리입니다. 예수 그리스도의 모습은 항상 승리자의 모습으로 나타납니다. 빛난 주석 같은 발은 역시 예수 그리스도의 승리를 보여주는 모습입니다.

세 번째는 그의 음성인데, 그의 음성은 많은 물소리와 같습니다. 예수 그리스도의 말씀이 전파되는, 증거 되는 모습을 보여줍니다.

예수 그리스도의 초림을 우리는 예수 그리스도의 오심이라 이야기 했고, 예수 그리스도의 재림을 다시 오심이라 이야기 했습니다. 우리는 예수 그리스도의 초림과 재림사이에 있습니다. 다시 5절을 보겠습니다.

> "또 충성된 증인으로 죽은 자들 가운데서 먼저 나시고 땅의 임금들의 머리가 되신 예수 그리스도로 말미암아 은혜와 평강이 너희에게 있기를 원하노라 우리를 사랑하사 그의 피로 우리 죄에서 우리를 해방하시고"

"예수 그리스도로 말미암아 은혜와 평강이 너희에게 있을찌어다"라는 인사말 후에 예수님이 처음 오셔서 하신 일은 우리를 사랑하사 그의 피로 우리의 죄를 해방하신 일입니다. 예수님은 하나님과 우리 사이의 화목제물, 속죄제물이 되어 주셨습니다.

그 다음에 하신 일은, 6절에 보면 우리를 하나님 나라로 삼으셨고(벧후2:9), 또 제사장으로 삼으셨기 때문에 우리는 이 땅에 살면서 중보기도자로서의 사명을 감당하도록 해야 합니다.

그리고 예수님이 재림하셔서 하실 일은 7절부터 입니다.

> "볼지어다 구름을 타고 오시리라 각인의 눈이 그를 보겠고 그를 찌른 자들도 볼 터이요 땅에 있는 모든 족속이 그를 인하여 애곡하리니 그러하리라 아멘"

"구름타고 오시리라"는 말씀을 실제적으로 구름을 타고 오시는 현상에만 초점을 맞추면 안되고 승리자의 모습으로 오시는 것에 초점을 맞추어야 합니다.

예수님은 어떤 분이십니까? 8절을 보겠습니다.

> "주 하나님이 가라사대 나는 알파와 오메가라 이제도 있고 전에도 있었고 장차 올 자요 전능한 자라 하시더라"

예수님은 알파와 오메가입니다. 또 이제도 있고 전에도 있었던 분이고, 장차 올 전능한 분입니다. 헬라어의 알파벳 첫 자가 "A(알파)"이고 끝 자는 "Ω(오메가)"입니다. 이 말은 예수님은 처음과 끝이 되시는 분이라는 것입니다. 예수님의 시간관은, 하나님의 나라는, 또 기독교의 역사는 시작과 끝이 있습니다. 인간도 태어날 때가 있고 죽을 때가 있는 것처럼 모든 것은 시작과 끝이 있습니다.

불교의 시간관은 윤회설입니다. 계속 돌고 돈다는 윤회 사관입니다.

헤로도토스(Herodotus)도 역사는 돌고 돈다고 이야기 했습니다. 이것은 불교 이전부터 있던 사상인데, 불교가 이 사상을 받아들여 시간관, 역사관을 만든 것입니다. 사람이 죽어서 곤충이 될 수도 있고 짐승이 될 수도 있다는 사상입니다.

카톨릭의 시간관, 역사관은, 유명한 역사학자 슈벵글러(Schwen-gler)에 의해서 "순환적이다"라고 주장합니다. 순환관은 나선형으로 돌고 돌면서 목적을 향해서 나아가는 역사관입니다.

기독교의 시간관은 선분 A에서 선분 B를 향하여 올라가는 시작과 끝이 분명히 있습니다. 그럼 9절을 보겠습니다.

> "나 요한은 너희 형제요 예수의 환난과 나라와 참음에 동참하는 자라
> 하나님의 말씀과 예수의 증거를 인하여 밧모라 하는 섬에 있었더니"

하나님나라의 특징은 무엇입니까?
첫째로, 환란입니다.
둘째로, 인내입니다. 이것이 하나님나라의 원리입니다.

우리가 하나님의 나라에 들어가려면 끝까지 환란 가운데서 인내하는 것입니다. 히브리서 12장 1절부터 강조하고 있는 것이기도 합니다.

하나님나라에 들어가려면 환란도 당하고 핍박도 당하지만 인내해야 합니다. 특별히 1세기에 고난을 당하는 성도들을 위로하기 위해서 주신 말씀입니다.

그러나 1세기에 고난당하는 성도들을 위로하기 위한 측면만은 아닙니다. 소아시아교회는 그 지역을 대표하는 일곱 교회입니다. 상징성 있는 교회입니다. 아시아에서 가장 큰 교회인 에베소교회를 시작으로 한 이 일곱 교회의 공통적인 특징으로는 황제 우상숭배가 가장 강력한 지역이고, 그러므로 핍박이 가장 강력한 지역의 대표적 교회들이지 다 큰 교회만을 모아 놓은 것은 아닙니다. 이 일곱 교회는 그 당시의 현재적교회이기도 하지만 다가올 모든 교회를 상징합니다. 1차 수신자는 일곱 교회지만 2차, 3차 수신자는 다가올 모든 성도들에게, 교회들에게 주신 말씀입니다.

8절에서 예수님이 어떤 분이신가를 보았지만 계속해서 예수님이 어떤 분이신지 16절을 통해 좀 더 살펴보겠습니다.

"그 오른손에 일곱 별이 있고 그 입에서 좌우에 날선 검이 나오고 그 얼굴은 해가 힘있게 비취는 것 같더라"

“오른손”은 능력을 가르칩니다. 계속해서 17절에서도 “오른손이 나옵니다. 또 18절을 보겠습니다.

“곧 산 자라 내가 전에 죽었었노라 볼지어다 이제 세세토록 살아 있어 사망과 음부의 열쇠를 가졌노니”

예수님은 세세토록 살아 있어 사망과 음부의 열쇠를 가지신 분입니다. 호텔에서 모든 방을 열수 있는 마스터 키(master key)가 있는 것처럼, 예수님은 모든 문제의 마스터 키(master key)가 되십니다.

예수님은 모든 환란과 핍박과 고난과 모든 아픔과 질병과 문제에 대해서도 마스터키(master key)이십니다. 이것이 계시록을 푸는 열쇠이기도 합니다. 이제 19절을 보겠습니다.

“그러므로 네 본 것과 이제 있는 일과 장차 될 일을 기록하라”

“그러므로 네 본 것과” 이것은 과거적 표현입니다. 그리고 “이제 있는 일” 이것은 현재적 표현이고, “장차 될 일” 이것은 미래적 표현입니다. 요한계시록은 이렇게 과거적, 현재적, 미래적 방법으로 해석해야 합니다. 마지막으로 20절을 보겠습니다.

"네 본 것은 내 오른손에 일곱 별의 비밀과 일곱 금촛대라 일곱 별은
일곱 교회의 사자요 일곱 촛대는 일곱 교회니라"

20절은 스가랴 4장 7절에 대한 해석입니다. "일곱"이라는 숫자
가 요한계시록에는 54회 나옵니다. "일곱"이라는 숫자는 상징적
숫자이지 문자적인 숫자가 아닙니다. 요한계시록을 문자적으로 해
석하려고 하면 큰 어려움에 처하게 됩니다.

또 영적으로만 해석하려고 해도 문제가 생깁니다. 그 당시의 시
대적 정황과, 상황을 이해하며 과거적 현재적 미래적으로 해석해
야 하는 것을 보여줍니다. 예수님이 오른손에 붙잡고 있는 것은 일
곱 별의 비밀과 일곱 금촛대입니다. 여기에서 일곱 별은 일곱 교회
의 사자이고 일곱 촛대는 일곱 교회입니다. 일곱 교회를 상징하지
만 예수님은 모든 교회를 오른손에 붙잡고 계시는 분이십니다.

교회는 예수 그리스도가 주인이시고, 예수 그리스도의 명령에
의해서 움직이는 유기체입니다. 그 속에서 대위명령을 받아서 우
리가 선교하고 전도하고 봉사하기 때문에 우리가 하는 것 같지만
우리가 하는 것이 아니라 예수님이 하시는 것임을 알아야 합니다.
그러므로 우리는 사명을 받아 순종하므로 예수님의 오른손에 붙들
린바 되어 시대적 사명을 감당하는 성도가 되어야 하겠습니다.

어떤 이들은 계시록을 보면서 두려워하는데, 우리는 계시록을
보면 흥분을 느끼고 믿음 위에 재림신앙으로 굳게 서서 승리하는

삶을 살아야 합니다. 이것이 사도요한이 의도하는 바입니다. 1세기 성도들은 계시록을 보면서 환란과 핍박 가운데서 승리하는 삶을 통해 불꽃과 같은 삶을 살았습니다. 여러분은 어떻게 살겠습니까?

이기는 자에게
주시는 복

성경본문
계시록 2장 1절 ~ 11절

2

이기는 자에게 주시는 복

성경본문
계시록 2장 1절 ~ 11절

에베소교회와 서머나교회는 대조적인 모습을 보여 주고 있습니다.

에베소 교회

왜 아시아의 일곱 교회들 중에 제일 먼저 에베소교회를 언급했을까요? 주후 1세기경 지구상에 있는 수많은 교회들 가운데 가장 영향력 있고, 가장 크고, 가장 선교를 많이 하는 교회가 에베소 교회였습니다. 그래서 에베소교회를 먼저 언급하고 있는 것입니다.

에베소교회 유래

사도바울이 2차선교 여행 때는 에베소를 지나갔습니다. 3차 선교여행 때 에베소에서 두란노 서원을 세워 2년 4개월 동안 지내면서 신앙훈련과 제자들을 길러냈던 곳입니다. 에베소는 동서양의 문물이 만나는 곳이고 아시아지역에서 제일 큰 도시였습니다.

로마의 두 번째 황제 아우구스투스 때부터 황제우상숭배 사상이 시작되었습니다. 그래서 로마에 아우구스투스를 섬기는 신전을 만들었으며, 아시아의 수도로 에베소를 정했습니다. 이 에베소에도 황제를 섬기는 신전을 만들게 했습니다. 그 신전이 아데미신전입니다. 아데미신전은 정치·문화·종교 심지어 은행까지 갖추고 있어 에베소 시민들은 대단한 긍지와 자부심을 갖게 했습니다.

그들은 모두 부유한 사람들이었습니다. 동서양이 만나고 다인종들이 모여 사는 에베소에는 황제 우상숭배의 핍박이 다른 곳에 비해 비교적 약했습니다. 그래서 상대적으로 교회들은 부흥했고 에베소교회는 큰 사역들을 감당할 수 있었습니다.

바울은 에베소를 떠나면서 가장 신뢰할 수 있는 후임자를 에베소에 세우고 떠났습니다. 그가 누구일까요? 그는 다름 아닌 바울의 영적 아들 디모데입니다. 디모데가 목회하면서 에베소교회는 십년 동안 더 크게 부흥했습니다. 한 십년쯤 후에 사도요한이 예루살렘에서 에베소로 왔습니다. 그래서 에베소에서 성도들을 지도했습니다. 도미시안황제 때 사도요한은 체포되어 로마로 끌려가서 옥에 갇히고 고문을 당하게 되었습니다. 그리고 후에 밧모섬에 유배를 가게 됩니다. 밧모섬은 날씨가 좋은 날은 에베소 항구가 보이는 에베소 맞은편에 있는 섬이었고 사도요한은 이 밧모섬에서 요한계시록을 기록하게 됩니다.

사도요한은 도미시안황제가 암살을 당하자 밧모섬에서 풀려나서 다시 에베소로 와서 지내며 생을 마감하게 됩니다. 그런데 에베소에는 예수님의 어머니 마리아의 무덤이 있습니다. 왜 예수님의 어머니 마리아의 무덤이 에베소에 있을까요? 그것은 예수님께서 십자가상에서 사도요한에게 어머니를 부탁하였기 때문입니다.

에베소교회는 많은 칭찬을 들은 교회입니다. 어떤 칭찬을 들었는지 2절을 보겠습니다.

> "내가 네 행위와 수고와 네 인내를 알고 또 악한 자들을 용납지 아니한 것과 자칭 사도라 하되 아닌 자들을 시험하여 그 거짓된 것을 네가 드러낸 것과"

행위와 수고와 인내, 또 악한 자들을 용납지 아니한 것과 자칭 사도라 하되 아닌 자들을 시험하여 그 거짓된 것을 드러낸 것에 대해 칭찬을 들었습니다. 이처럼 에베소교회는 영적 분별력과 행위와 수고와 인내가 있는 탁월한 교회였습니다. 또 에베소교회는 바울이 떠난 후에도 두란노를 중심으로 말씀에 바로 서 있었던 대단한 교회였습니다.

그런데 이 교회에 이단 괴수 누가 들어 왔는지 6절을 보겠습니다.

"오직 네게 이것이 있으니 네가 니골라당의 행위를 미워하는도다 나도 이것을 미워하노라"

니골라는 일곱 안수집사 중에 맨 마지막에 나오는 이름입니다. 일곱 안수집사 중에 첫 번째 사람은 스데반인데, 스데반은 이적과 기사를 행했던 탁월한 말씀사역자였습니다. 그러나 스데반은 순교의 제물이 되었습니다. 그리고 스데반의 순교로 인해 사도바울이 일어나게 되었습니다. 그다음 빌립은 위대한 전도자였고, 빌립 한 사람 때문에 이디오피아 내시가 복음을 받고 구원을 얻어 이디오피아 전체가 복음화 되었습니다. 빌립의 네 딸들도 전도자가 되어 일생을 처녀로 살았습니다.

니골라도 행실과 윤리 도덕이 깨끗하였으며, 많은 사람들에게 존경받는 성결한 사람이었습니다. 그는 결혼도 하지 않았던 사람입니다. 그러나 그는 불행하게도 니골라당을 만들었는데, 이것이 영지주의의 한 종파가 되었습니다. 영지주의의 앞잡이, 영지주의의 교사가 되었던 니골라가 가장 큰 교회인 에베소에 들어와서 나도 일곱 집사 중의 한 사람이라고 하면서 에베소교회를 어지럽게 만들었습니다. 이단들이 예수 믿는 사람들보다 도덕적으로 윤리적으로 깨끗할 수 있습니다. 그러나 아무리 도덕적으로 윤리적으로 깨끗하고 탁월하다 할지라도 이단 사상을 접하면 안됩니다. 왜냐하면 우리의 영적생활에 독이 되기 때문입니다.

사탄은 광명의 천사로 가장하기 때문에 영적전쟁에서 승리하기 위해서는 영적전투의 실체를 알아야 합니다. 에베소교인들은 영적 분별력이 탁월했습니다. 왜냐하면 그들은 말씀에 굳게 서 있었기 때문입니다. 다시 2절을 보겠습니다.

"내가 네 행위와 수고와 네 인내를 알고 또 악한 자들을 용납지 아니한 것과 자칭 사도라 하되 아닌 자들을 시험하여 그 거짓된 것을 네가 드러낸 것과"

행위와 수고와 인내를 인하여 칭찬을 듣습니다. 또 칭찬이 계속되는 것을 3절에서도 볼 수 있습니다.

"또 네가 참고 내 이름을 위하여 견디고 게으르지 아니한 것을 아노라"

우리는 이 구절을 통해 성경적 커뮤니케이션(communication), 성경적 대화의 기술을 배우게 됩니다. 먼저 칭찬을 하고 책망하는 것입니다. 부부간의 대화나 자녀와의 대화에서도 먼저 칭찬하고 책망을 해야 합니다. 실제로 에베소교회가 칭찬받을 일들을 많이 했습니다. 그러나 4절을 보겠습니다.

"그러나 너를 책망할 것이 있나니 너의 처음 사랑을 버렸느니라"

그러나 너를 책망할 것이 있다고 말씀하고 있습니다. 그것은 너희가 처음 사랑을 버렸다는 것입니다. 이것은 우리 모두에게 주는 교훈입니다.

처음에 남자와 여자가 서로 사랑할 때 2만5천 볼트(?)의 사랑의 전류가 흐르지만 대부분 가면 갈수록 그 사랑이 무디어 지는데, 이것이 우리 신앙의 모습이 아닐까요?

우리에게 잃어버린 것에 대한 경고, 첫 사랑에 대한 경고를 하고 있습니다. 그러면 5절을 보겠습니다.

"그러므로 어디서 떨어진 것을 생각하고 회개하여 처음 행위를 가지라 만일 그리하지 아니하고 회개치 아니하면 내가 네게 임하여 네 촛대를 그 자리에서 옮기리라"

첫 사랑을 어디에서 잃어버렸는지 생각하고 회개하여 처음 행위를 가지라고 말씀하고 있습니다. 에베소교회가 동서양의 교차되는 위치에서 열정을 가지고 선교와 전도하는 일에 수고와 인내로 많은 일을 했지만 시간이 지남에 따라 점점 열정이 사라졌습니다. 그래서 첫 사랑에 대한 처음 행위를 가지라고 말씀하는 것입니다. 그래서 에베소교회에 회개하지 않으면 촛대를 옮기겠다고 말씀하십니다. 그러나 에베소교인들은 순종하지 않았습니다.

오십 년 후에 에베소에는 무서운 전염병이 돌았습니다. 그래서 많은 사람이 에베소를 떠났습니다. 또 그 후에 지진과 전쟁이 일어나 에베소지역은 폐허가 되어버렸습니다. 지금은 에베소라는 도시 전체가 없어지고 유적만 남아 있습니다. 에베소교회도 없어졌습니다.

창세기에 보면 아담과 하와의 범죄 때문에 땅이 저주를 받습니다. 창세기의 이 사건은 계시록까지 이어집니다.

우리가 하나님과의 관계가 끊어지면 우리만 저주를 받는 것이 아니라 우리가 살고 있는 지역, 가정, 직장까지 저주를 받습니다. 에베소교회가 사명을 감당하지 못하자 교회만 없어진 것이 아니라 에베소라는 도시 전체가 폐허가 되어 버렸습니다. 이처럼 지역교회가 사명을 감당하지 못하면 지역교회의 촛대만 옮겨지는 것이 아니라 도시 전체가 버림받게 됩니다. 창세기에 보면 아브라함 한 사람 때문에 아브라함이 가는 곳마다 그 지역이 복을 받습니다. 아브라함처럼 우리도 가는 곳마다 그 지역과 가정이 복 받기를 축원합니다.

서머나 교회

서머나의 '머'는 "향료"라는 뜻입니다. 그래서 서머나는 향료를 수출하는 도시이기도 합니다. 서머나는 에베소에서 북쪽으로 80km 떨어져 있는 소아시아의 조그맣고 아름다운 항구도시입니다. 이 서머나는 일곱 교회 중에서 황제우상숭배가 가장 강력했던 곳입니다. 로마 황제는 본보기로 예수 믿는 사람들의 재산을 다 몰수하고 여자와 아이들을 노예로 만들어버렸습니다.

로마 황제를 "주"라고 부르고 예수님을 부인하면 그들에게 아량을 베풀어 주었지만 그러나 끝까지 예수님을 "주"라 부른 서머나 교인들은 심한 핍박을 받았습니다. 에베소가 다인종들이 모여 살아 핍박이 느슨했다면 이 서머나교회는 희생과 핍박의 본보기가 되었던 곳입니다. 그럼 본문 8절을 보겠습니다.

"서머나 교회의 사자에게 편지하기를 처음이요 나중이요 죽었다가 살아나신 이가 가라사대"

서머나 교회의 사자에게 편지합니다. 계속해서 9절을 보겠습니다.

"내가 네 환난과 궁핍을 아노니 실상은 네가 부요한 자니라 자칭 유대인이라 하는 자들의 훼방도 아노니 실상은 유대인이 아니요 사단의 회라"

이들은 예수님 믿는 것 때문에 환란을 당했고 경제적으로 궁핍해졌습니다. 그러나 하나님은 너희가 예수 믿는 것 때문에 얼마나 환란을 당하고 궁핍하게 살아가는지 다 안다고 말씀하십니다. 서머나 교인들은 그런 환란에도 예수님을 믿었습니다. 이들이 예수님을 믿는다고 모든 것을 다 빼앗겼지만, 그러나 실상은 너희가 부유한 자라고 말씀하십니다. 심지어 예수님 믿는 것 때문에 사랑하는 아내와 자식이 노예로 팔려갔지만 끝까지 예수님을 부인하지 않았습니다.

유대인들은 공동체의식이 가장 탁월합니다. 히틀러가 유대인들을 핍박할 때 유대인들이 다 아우슈비츠로 끌려가서 고통을 받을 때도 유대인 공동체 중의 예수님 믿는 사람들은 그 속에서도 따돌림을 받았던 것처럼, 서머나 공동체에서도 예수님 믿는 사람들은 고발을 당하고 훼방을 당하고 쫓겨나는 최악의 상황을 겪었습니다. 그러면 10절을 보겠습니다.

"네가 장차 받을 고난을 두려워 말라 볼지어다 마귀가 장차 너희 가운데서 몇 사람을 옥에 던져 시험을 받게 하리니 너희가 십 일 동안 환난을 받으리라 네가 죽도록 충성하라 그리하면 내가 생명의 면류관을 네게 주리라"

9절의 상황보다 더 큰 고난이 장차 오는데 두려워 말라고 말씀하십니다. 너희 중에 어떤 사람은 옥에 던져 시험을 받을 것이고 십일 동안 환난을 받을 것이라고 예언의 말씀을 하고 계십니다.

여기서 십일은 문자적인 숫자가 아니라 잠시, 잠깐을 의미하는 완전수를 말합니다. 그러나 네가 죽도록 충성하라 그러면 내가 생명의 면류관을 네게 수리라라고 말씀하십니다.

실제로 얼마 후에 더 무서운 핍박이 오게 됩니다.

사도요한의 수제자 폴리갑이라는 사람이 있었는데 그는 서머나교회의 목회자였습니다. 드디어 핍박의 화살이 폴리갑에게 왔습니다. 폴리갑은 체포되었고 원형경기장에 장작더미가 쌓여 있는 나무위에 묶여서 화형을 당하려 하고 있고, 옆에는 십여 명의 성도가 붙잡혀 있었습니다.

그리고 원형경기장의 수많은 사람들 앞에서 폴리갑의 친구였던 서머나 집정관이 폴리갑에게 황제를 "주"라고 불러라 나중에 다시 예수를 믿던지 하고 지금 당장 한 번이라도 황제를 "주"라 부르면 너와 성도들을 풀어주겠다고 했습니다. 그러나 폴리갑은 "내가 팔십육 년을 살면서 주님은 한 번도 나를 모른다고 하지 않았는데 나는 주님을 부인할 수 없다."고 고백하고 순교를 당했습니다.

그러면 서머나교회와 서머나 도시는 어떻게 되었을까요?

소아시아의 일곱 교회 중에 여섯 교회는 다 폐허가 되어 없어졌지만 서머나교회는 아직도 남아 있고, 서머나라는 도시는 지금도 번창해 있습니다. 지금은 터키가 다 회교권이 되었지만 서머나교회는 폴리갑 기념교회로 이천 년 동안 핍박과 환난을 견디며 생명의 불빛을 비추고 있고 회교권에서 복음을 전하고 있습니다.

우리는 대조적인 두 교회, 에베소교회와 서머나교회에 대해서 나누었습니다. 우리가 이천 년 전의 에베소교회의 교인이거나 서머나교회의 교인이었다면 어떻게 했을까요?

우리는 교회가 크고 작은 것이 중요한 것이 아니며 먼저 예수를 믿고 나중에 믿는 것이 중요한 것이 아닙니다. 에베소교회는 첫사랑을 잃어버렸고 첫 행위를 잃어버렸습니다. 이것이 에베소나, 서머나에게만 해당하는 것이 아닙니다. 그러면 7절을 보겠습니다.

"귀 있는 자는 성령이 교회들에게 하시는 말씀을 들을지어다 이기는 그에게는 내가 하나님의 낙원에 있는 생명나무의 과실을 주어 먹게 하리라"

"귀 있는 자는" 이것은 들을 귀 있는 자는 그런 뜻입니다. 또 11절을 보겠습니다.

"귀 있는 자는 성령이 교회들에게 하시는 말씀을 들을지어다 이기는 자는 둘째 사망의 해를 받지 아니하리라"

계속해서 들을 귀 있는 자는 성령이 교회들에게 하시는 말씀을 들으라고 촉구합니다. 여기에서 교회를 말씀하실 때 에베소 하나의 교회를 말씀하시는 것이 아니라 가고 오는 모든 교회와 모든 교인들에게 말씀하시는 것입니다.

세상에서
승리하려면

성경본문
계시록 2장 12절 ~ 29절

3

세상에서
승리하려면

성경본문
계시록 2장 12절 ~ 29절

버가모교회

버가모는 서머나라는 도시에서 북쪽으로 96km떨어진 곳입니다. 부유한 도시입니다. 버가모는 행정도시이고 로마의 총독부가 주둔하고 있었던 곳입니다.

로마의 두 번째 황제 아우구스투스 때부터 황제우상숭배가 시작되었는데, 이 사람들은 자진해서 아첨하면서 로마의 황제 신전, 가이사의 신전을 세 개나 세웠습니다. 로마의 시민이라는 자부심도 갖고 있었고 그리스신화에 나오는 신들의 아버지 제우스를 섬겼고, 그의 부인 지혜의 여신 아테네 신에게 지혜를 달라고 섬겼고, 또 술의 신인 디오니소스를 섬겼습니다. 그러므로 도시 전체가 신전들로 가득했던 곳입니다. 13절을 보겠습니다.

"네가 어디 사는 것을 내가 아노니 거기는 사단의 위가 있는 데라 네가 내 이름을 굳게 잡아서 내 충성된 증인 안디바가 너희 가운데 곧 사단의 거하는 곳에서 죽임을 당할 때에도 나를 믿는 믿음을 저버리지 아니하였도다"

네가 어디 사는 것을 안다. 거기는 "사단의 위가 있는 곳이다"라고 말씀하시는데, 여기서 "위"라는 말은 사단의 보좌가 있는 곳이라는 뜻입니다. 도시 전체가 사단의 본부, 사단의 사령부라고 할 정도로 우상의 제단들로 가득차 있는 곳입니다. 교육과 예술과 문화가 아주 발달한 에베소 다음으로 크고 중요한 도시였습니다. 또 짐승을 잡아서 신들에게 바치고, 다음에 시장으로 유통하는 사탄이 지배하는 도시였습니다.

오늘날 우리가 살고 있는 이 세상도 마찬가지입니다. 공중권세 잡은 자가 지배하는 이 세속도시 속에서 하나님의 사람들이 어떻게 믿음을 지켜야 할까요? 13절을 보겠습니다.

"네가 어디 사는 것을 내가 아노니 거기는 사단의 위가 있는 데라 네

가 내 이름을 굳게 잡아서 내 충성된 증인 안디바가 너희 가운데 곧
사단의 거하는 곳에서 죽임을 당할 때에도 나를 믿는 믿음을 저버리
지 아니하였도다"

끝까지 믿음을 굳게 지키면서 순교했던 한 사람이 등장합니다.
그런데 헬라어 성경에 보면 1인칭 소유격이 두 번 강조됩니다.
"나의 충성된 나의 증인 안디바"로 기록이 되었습니다. 초대 교
부였던 터툴리안의 기록에 의하면, 안디바는 버가모 교회의 목회
자였다고 합니다. 서머나교회 교인들은 목회자가 화형당하는 것을
보고 더 믿음위에 굳게 섰는데, 버가모교회 교인들은 안디바가 화
형당하며 순교하는 것을 보고 크게 흔들렸습니다. 다음 14절을 보
겠습니다.

"그러나 네게 두어 가지 책망할 것이 있나니 거기 네게 발람의 교훈
을 지키는 자들이 있도다 발람이 발락을 가르쳐 이스라엘 앞에 올무
를 놓아 우상의 제물을 먹게 하였고 또 행음하게 하였느니라"

구약성경에 보면 발람의 교훈이 나옵니다. 발람이 백성들에게 돈
을 받고 거짓 교훈을 가르쳤던 거짓 선지자입니다. 발람의 교훈이
무엇이라고 말합니까? 15절을 보겠습니다.

"이와 같이 네게도 니골라당의 교훈을 지키는 자들이 있도다"

발람의 교훈이 곧 니골라당이라고 소개하고 있습니다. 에베소교 회는 말씀에 굳게 서서 니골라당의 교훈을 철저하게 배격했지만 버가모교회는 니골라당의 교훈을 받아들였습니다. 말씀이 약했던 교회입니다. 말씀이 약하면 이단사상이 침투하게 됩니다. 그래서 12절 처음에 보면, "버가모 교회의 사자에게 편지하노니 좌우에 날 선 검을 가진 이"라는 기록하고 있습니다.

여기에서 "검"이 무엇일까요? "검"은 하나님의 말씀입니다. 우 리는 말씀의 검으로 승리하는 삶을 살아야 할 줄 믿습니다. 16절을 보겠습니다.

"그러므로 회개하라 그리하지 아니하면 내가 네게 속히 임하여 내 입
  의 검으로 그들과 싸우리라"

내가 네게 속히 임하여 "내 입의 검으로 그들과 싸우리라"라는 말씀 속에서 역시 말씀에 굳게 설 것을 강조하고 있습니다.
버가모교회는 말씀이 약해서 핍박이 몰아치니까 니골라당에게 무너져 버리는 안타까운 모습을 볼 수 있습니다. 17절 보겠습니다.

"귀 있는 자는 성령이 교회들에게 하시는 말씀을 들을지어다 이기는 그에게는 내가 감추었던 만나를 주고 또 흰 돌을 줄 터인데 그 돌 위에 새 이름을 기록한 것이 있나니 받는 자밖에는 그 이름을 알 사람이 없느니라"

승리의 모습은 늘 똑같이 일곱 교회에 나타납니다. 귀 있는 자는 성령이 교회들에게 하시는 말씀을 들을지어다. 이기는 자에게는 감추었던 만나를 주시겠다는 것입니다. 감추었던 만나와 대조적인 표현은 14절의 우상의 제물입니다. 우상의 제물을 먹도록 미혹하여 가르쳤던 니골라당, 그러나 승리하는 자에게는 감추었던 만나(말씀)를 주고 흰 돌을 주시겠다고 말씀하십니다.

흰 돌은 옛날에 재판할 때 재판장이 흰 돌을 집어서 들면 무죄라는 것을 보여줍니다. 이 흰 돌에 무엇이 기록되었느냐면 끝까지 이기고 이긴 너희 언약 백성의 이름을 기록했다는 말씀입니다. 버가모교회는 우상으로 가득한 도시에서 핍박으로 인해 우상에게 무릎을 꿇었던 모습을 우리에게 보여줍니다. 우리는 우상으로 가득한 이 현대의 세속도시에서 어떻게 승리하며 살 수 있을까요?

두아디라교회

두아디라는 내륙에 있는 도시입니다. 두아디라는 자주장사 루디아의 고향이기도 합니다. 루디아는 아시아에서 유럽으로 건너와 빌립보에서 자주장사를 했습니다. 두아디라라고 하는 도시는 염료, 염색 혹은 은장색들 수공업이 발달했던 곳입니다. 그래서 도시 곳곳에 조합(길드, guild)이 많이 있었습니다. 또 이방인들이 많이 살았던 도시이기도 합니다. 두아디라에서 장사하는 사람은 조합에 속하지 않고 장사를 할 수 없었습니다. 도시 전체에 사업하는 사람들이 조합(길드, guild)에 가입하고 사업을 하는데 어떻게 예수님을 믿는 사람들이 그 조합에 가입하지 않고 사업을 할 수 있었을까요? 예를 들어 동대문 시장의 모든 상인이 예수님을 믿지 않아 주일에 시장 문을 여는데, 단 한 사람이 예수님을 믿어 주일에 시장 문을 열지 않아 벌금을 물어야 한다면 그렇게 할 수 있을 것입니다. 그러나 당시 두아디라의 상황은 불가능한 일이었습니다. 그런 상황속에서 신앙을 지킬 수 있을까요? 여러분을 이천 년 전의 두아디라로 초청합니다. 그럼 19절 말씀을 보시겠습니다.

"내가 네 사업과 사랑과 믿음과 섬김과 인내를 아노니 네 나중 행위가 처음 것보다 많도다"

그들은 사업을 잘했습니다. 은행을 이용하지 않고도 사업을 잘했습니다. 믿음과 사업과 사랑과 섬김과 인내를 안다고 말씀하고 있습니다. 18절을 보시겠습니다.

"두아디라 교회의 사자에게 편지하기를 그 눈이 불꽃 같고 그 발이
빛난 주석과 같은 하나님의 아들이 가라사대"

두아디라라고 하는 도시는 제우스의 아들 아폴로라고 하는 태양신을 섬기고 있었습니다. 아폴로 한 신만 섬기고 있었습니다. 지금도 그 유적이 남아있습니다. 자, 그런데 태양의 신을 섬기고 있는 이들에게 이런 표현을 쓰고 있습니다. 눈이 불꽃같고 발이 빛난 주석과 같다. 제우스의 아들 대신에 하나님의 아들이라고 표현하고 있습니다. 이런 상황속에 믿음을 굳게 지켰지만 20절에 누가 침투했습니까?

"그러나 네게 책망할 일이 있노라 자칭 선지자라 하는 여자 이세벨을
네가 용납함이니 그가 내 종들을 가르쳐 꾀어 행음하게 하고 우상의
제물을 먹게 하는도다"

이세벨이 침투했습니다. 이세벨은 별명입니다. 이세벨은 북 이

스라엘의 왕인 아합에게 시집와서 자기가 고향에서 섬기던 바알을 들여와 이스라엘 백성들에게 우상을 섬기게 했던 악녀입니다. 그런데 이 여자는 자칭 선지자라는 것입니다. 하나님의 말씀을 받고 있다는 것입니다.

많은 사람들이 이세벨의 유혹에 넘어가 우상의 제물을 먹고 이세벨에게 무릎을 꿇은 안타까운 모습이 두아디라교회의 모습이었습니다. 또 이세벨은 많은 재물을 동원해서 소합(길드, guild)을 통해 교회를 유혹하고 넘어트렸던 것을 보게 됩니다. 계속해서 21절을 보겠습니다.

> "또 내가 그에게 회개할 기회를 주었으되 그 음행을 회개하고자 아니
> 하는도다"

하나님께서는 그에게 회개할 기회를 여러 번 주었습니다. 그러나 그는 끝까지 회개하지 않았습니다. 22절을 보겠습니다.

> "볼지어다 내가 그를 침상에 던질 터이요 또 그로 더불어 간음하는
> 자들도 만일 그의 행위를 회개치 아니하면 큰 환난 가운데 던지고"

내가 너를 "침상에 던진다"는 말은 무슨 말일까요? 일어날 수 없는 질병에 던지시겠다는 말씀입니다. 또 여기에서 "간음"은 육적

인 간음보다는 이세벨의 교리를 좇는 영적인 간음을 의미합니다.
24절을 보겠습니다.

"두아디라에 남아 있어 이 교훈을 받지 아니하고 소위 사단의 깊은
것을 알지 못하는 너희에게 말하노니 다른 짐으로 너희에게 지울 것
이 없노라"

두아디라교회가 다 이세벨에게 넘어가버렸지만 그래도 남은 자
들이 있었습니다. 25절을 보겠습니다.

"다만 너희에게 있는 것을 내가 올 때까지 굳게 잡으라"

너희는 내가 올 때까지 굳게 잡으라고 말씀하십니다. 26절을 보
겠습니다.

"이기는 자와 끝까지 내 일을 지키는 그에게 만국을 다스리는 권세를
주리니"

만국을 다스리는 철장 권세를 주겠다고 말씀하십니다. 그리고
27절을 보겠습니다.

"그가 철장을 가지고 저희를 다스려 질그릇 깨뜨리는 것과 같이 하리
라 나도 내 아버지께 받은 것이 그러하니라"

저희를 다스리고 질그릇처럼 깨뜨리는 권세를 주겠다고 말씀하
십니다.

두아디라교회와 버가모교회는 이단 사슬에 무너져 버린 것을 볼
수 있습니다. 당시 디오니소스 축제가 되면 술을 마시고 벌거벗고
광란의 시간을 보냅니다. 그리고 그런 식으로 예수 믿는 사람들을
유혹 했을 것입니다.

오늘 우리가 사는 세대도 별반 차이가 없습니다. 오늘 우리는 이
속에서도 사업, 장사를 하면서 끝까지 믿음을 지킬 때 승리하는 삶
을 살 줄 믿습니다.

치유와
회복의 비전

성경본문
계시록 3장 1절 ~ 13절

4 치유와 회복의 비전

성경본문
계시록 3장 1절 ~ 13절

요한계시록의 1차수신자는 아시아의 일곱 교회라고 했습니다. 그래서 교회를 언급할 때 맨 처음에는 단수로 나옵니다. 예를 들어 빌라델비아교회 혹은 사데교회 이런 식으로 나옵니다. 그러나 맨 끝부분에서는 "교회"라는 단어가 복수로 되어 "교회들"로 나옵니다. 그러므로 2차 수신자는 앞으로 나타날 모든 교회, 모든 성도들을 말씀하신다는 것을 알아야 합니다.

사데교회와 빌라델비아교회는 이제 앞으로 4장 1절부터 펼쳐질 미래에 대한, 이 당시는 3장까지는 현재이고, 4장부터는 미래인데, 미래에 펼쳐질 승리자와 패배자, 이긴 자와 진 자의 상징적인, 대표적인 모델을 보여주는 교회와 성도가 사데교회와 빌라델비아교회의 성도들입니다.

사데교회

시데는 과거의 리디아 왕국의 수도였습니다. 리디아 왕국은 굉장히 부유했습니다. 사데라는 도시는 높은 곳에 세워진 난공불락(難攻不落)의 요새였습니다. 그리고 막대한 금을 가지고 있었던 곳입니다. 그래서 우리는 절대 망하지 않는다고 장담했던 곳입니다. 그러나 페르시아 왕국에게 무너집니다.

그 이후에도 사데는 여전히 부유했기 때문에 그것이 교만을 가져왔습니다. 사데라는 도시 안에 있던 교회와 함께 사데라는 도시 역시 무너지고 맙니다. 교회가 서서히 죽어가니까 도시도 죽어가고, 또 도시가 죽으니까 교회 역시 죽어갔습니다. 그것이 사데교회를 향한 예수님의 메시지입니다. 지역사회에 하나님께서 그 교회와 성도를 세워주신 것은 지역사회를 책임지게 하기 위해서 세워주신 것이다.

여러분을 직장에, 사회에, 가정에 불러 주신 것은 그 공동체를 책임지라는 하나님의 음성입니다. 1절을 보겠습니다.

"사데 교회의 사자에게 편지하기를 하나님의 일곱 영과 일곱 별을 가진 이가 가라사대 내가 네 행위를 아노니 네가 살았다 하는 이름은 가졌으나 죽은 자로다"

"하나님의 일곱 영과 일곱 별", 여기에서 "일곱"은 완전 수입니다. 불꽃 같은 눈으로 세밀하게 살펴서 행위를 다 알고 계신다고 말씀하십니다. 이 "행위"라는 단어에 주목하십시오. 사데교회의 성도들의 모든 행위를 다 감찰해서 알고 계시는 하나님께서 "네가 살았다는 이름은 가졌으나 실상은 죽은 자다"라고 말씀하십니다. 껍데기만 있다는 것이죠. 교회의 외형적인 껍데기만 있다는 것입니다. 성도가 직분만 가지고 있는, 마치 고목나무와 같은 속이 텅 빈 상태라는 말씀입니다. 2절 보겠습니다.

"너는 일깨워 그 남은 바 죽게 된 것을 굳게 하라 내 하나님 앞에 네 행위의 온전한 것을 찾지 못하였노니"

"죽게 된 것"은 서서히 죽어가는 것을 말합니다. 마치 고목나무와 같은 상태입니다. 그러나 고목나무에도 꽃은 핀다. 그래서 회복의 비전을 제목으로 잡았습니다.

2절에 보시면, "일깨워"라는 단어가 있습니다. 고목나무에서도 꽃이 피는 것처럼 회복을 위해서는 서로 깨워야 합니다. 3절에서도 "만일 일깨지 아니하면"라는 말씀처럼 회복을 위해서는 서로 깨워야 합니다. 사데교회는 황제 우상숭배가 없는 유일한 교회입니다. 핍박이 없는 유일한 교회입니다. 핍박이 없으니까 안일한 삶 속에서 서서히 죽어가는 것입니다.

미국의 코넬대학에서 비이커 안에 개구리를 집어넣고 1분에 0.0015도씩 온도의 체감을 느끼지 못하도록 서서히 온도를 높이며 가열했을 때 물이 벌벌 끓는데도 개구리는 온도의 체감을 전혀 느끼지 못하고 앉아서 죽어갔습니다.

우리 성도에게도 때로는 자극이 필요한 것입니다. 고난을 주는 목적과 경로는 다양하지만 고난은 축복입니다. 그렇게 믿고 기도해야 합니다.

사단 마귀의 강력한 무기 중의 하나는 편안케 하는 것입니다. 성도를 편안하게 삼 년 동안만 놓아두면, 또 자녀가 잘되고 직장과 사업이 다 잘되면 기도할 것이 없는 것이지요. 그러면 누구든지 다 넘어지고 말 것입니다. 사데교회가 이런 교회였습니다.

예수님께서 회칠한 무덤 이야기를 자주하셨습니다. 회칠한 무덤은 밖에 회만 칠한 것이 아니라 거창한 무덤이지요. 그러나 무덤 속에서는 시체가 썩는 것이죠. 이처럼 사데교회가 껍데기였습니다. 교회만 있고, 직분만 있고, 건물만 있는 죽은 교회였습니다.

우리가 예수를 믿고 직분이 있고 없고, 오래 믿고 적게 믿는 것이 중요한 것이 아닙니다. 직분이 있으면 일하는 데는 편리할 수는 있지만 그것이 전부가 아닙니다.

4장부터 앞으로 무너질 멸망할 심판 받을 교회와 성도들의 모델로 사데교회가 등장합니다.

하나님의 축복은 흘러야 합니다. 물이 흐르지 않고 고여 있으면 썩는 것처럼 은혜도 흘러야 합니다. 아무리 은혜를 많이 받았다 할지라도 나누지 않으면 그것 때문에 망합니다. 한국에 언더우드선교사나 아펜젤러선교사로부터 복음을 받고, 그것이 흘러서 어떤 경로를 통해서 여러분과 제가 복음을 받았는데, 그 복음이 흐르지 않고 우리에게서 끊어지면 안되는 것이지요. 그러나 사데교회는 축복을 받고 은혜를 받았지만, 그 축복과 은혜가 계속해서 흘러가지 않고 그만 거기에서 끊어지고 말았습니다. 그래서 망해버린 교회입니다. 4절 보겠습니다.

"그러나 사데에 그 옷을 더럽히지 아니한 자 몇 명이 네게 있어 흰 옷을 입고 나와 함께 다니리니 그들은 합당한 자인 연고라"

사데에 그 옷을 더럽히지 아니한 자 몇 명이 있었습니다. 소수의 이 사람들은 2절에 서로 일깨웠던 사람들이고, 3절에 어떻게 들었는지 생각하고 지키어 회개한 사람들입니다. 고목나무에 다시 꽃이 피게 하는 다섯 가지 동사를 우리에게 가르쳐 줍니다. 그 다섯 가지 동사는 "일깨워, 생각해, 지키어, 회개해, 들어"입니다. 5절 보겠습니다.

"이기는 자는 이와 같이 흰 옷을 입을 것이요 내가 그 이름을 생명책
에서 반드시 흐리지 아니하고 그 이름을 내 아버지 앞과 그 천사들
앞에서 시인하리라"

"이기는 자는 흰 옷을" 여기에서 "흰 옷"은 천국 백성들이 입는
옷입니다. 그리고 생명책에 너의 이름을 흐리지 않고 바로 기록하
겠다고 말씀하고 계십니다. 사데교회 다 죽었지만 그래도 소수의
살아 있는 성도들이 있었습니다.

빌라델비아 교회

빌라델비아교회는 두 가지를 가지고 있었습니다. 하나는 다윗의
열쇠를 가지고 있었습니다. 다윗의 열쇠를 가지신 예수님의 음성
을 그들은 듣고 있었습니다. 그리고 다른 하나는 무엇을 가지고 있
었습니까? 8절 보겠습니다.

"볼지어다 내가 네 앞에 열린 문을 두었으되 능히 닫을 사람이 없으
리라 내가 네 행위를 아노니 네가 적은 능력을 가지고도 내 말을 지
키며 내 이름을 배반치 아니하였도다"

또 하나는 "열린 문"을 가지고 있었습니다. "열린 문"은 완료시제로 되어 있습니다. 그래서 "열려진 문"입니다.

두 종류의 사람이 기도하고 있습니다. 하나는 여리고 성처럼 굳게 닫쳐진 사업의 문, 자녀의 문을 열어달라고 기도하는 사람이 있습니다. 다른 하나는 이미 네게 열린 문을 두신 줄 믿습니다. 그 문을 통해 보게 해 주시옵소서, 그 열린 문으로 들어가게 해 주시옵소서하고 기도하는 사람이 있습니다. 여러분은 어떻게 기도하시겠습니까?

4장 1절, 5장 1절, 6장 1절에 보시면 문은 이미 열려진 문입니다. 그래서 열린 문을 통해서 "내가 보니"라고 되어 있습니다. 사도 요한은 계속해서 문을 열어달라고 기도하지 않았습니다. 열려진 문을 통해서 보기를 원했습니다.

사도 바울이 아시아의 끝에 와서 기도할 때 문을 열어달라고 기도하지 않았습니다. 그가 비전과 환상을 보여 달라고 하자 하나님은 마게도냐의 환상을 보여주셨습니다. 바울은 그 문을 통해서 하나님이 주신 담대함으로 계속 직진하는 것입니다.

8절을 보시면, 강조하는 단어는 "행위"입니다. 빌라델비아교회의 성도들의 행위와 사데교회의 성도들의 행위를 서로 대조적으로 비교하며 평가해 보십시오.

8절에 빌라델비아교인들은 "적은 능력"에서 "적은"은 마이크로

(micro)란 말입니다. 마이크로(micro)는 "작은"이라는 뜻의 헬라어 "미크로스"에서 파생된 단어로, '아주 작은, 미세한, 겨자씨만한' 이란 뜻입니다.

그러나 겨자씨 속에 생명이 있는 것이 중요합니다. 아무리 크고 거창한 믿음을 가졌다 할지라도, 또 예수님을 수십 년 믿었다 할지라도 그 속에 생명이 없으면 죽은 것이고, 아무리 작은 믿음이라 할지라도 그 속에 생명이 있으면 30배, 60배, 100배의 열매를 맺는 것입니다.

믿음이 없다고 탓하면 안됩니다. 또 "믿음 주세요" 라고 기도하면 안됩니다. 왜냐하면 이미 주시고 받은 것이기 때문입니다. 이미 구원해 주셨는데 "구원을 주세요"하고 기도하면 안됩니다. 하나님이 이미 우리에게 주셨는데 날마다 달라고 하면 안됩니다. 마찬가지입니다. 사데교회 교인과 빌라델비아교회 교인들의 기도와 행위가 이렇게 차이가 납니다.

다시 8절에 보시면, 적은 능력을 가지고도 내 말을 지키며 배반치 아니했습니다. 9절을 보겠습니다.

"보라 사단의 회 곧 자칭 유대인이라 하나 그렇지 않고 거짓말 하는 자들 중에서 몇을 네게 주어 저희로 와서 네 발 앞에 절하게 하고 내가 너를 사랑하는 줄을 알게 하리라"

"사단의 회" 곧 자칭 유대인이라.

유대인들은 유대공동체가 아주 강화되어 있습니다. 그러나 유대공동체 안에서도 예수 믿는 자들은 핍박을 당하고 있었습니다. 그러나 소아시아 일곱 교회에 공통적으로 나타나는 것은 아무리 유대인 공동체에게 핍박을 당해도 그들을 대적하지 않았습니다. 왜 그랬을까요? 그들이 소수였기 때문일까요. 아닙니다. 그들은 하나님이 원하시는 것을 알았기 때문입니다.

교인과 교인이 서로 문제가 일어나서 다툴 때 절대로 싸우면 안됩니다. 인간관계의 다툼이나 인간관계의 갈등을 인간관계속에서 해결하려고 하면 안됩니다. 그런 문제는 하나님께 가지고 나가야 합니다. 마찬가지로 우리 예수님 믿는 공동체 안에서도 어려움을 당할 수 있고요. 예수님 공동체 안에서도 핍박받을 수 있습니다. 또 오해를 당할 수 있고, 시험을 받을 수 있습니다. 큰 믿음을 가진 사람과 작은 믿음을 가지 사람간의 문제가 생길 수 있습니다.

그러나 그들은 핍박을 받을 때도 유대인공동체와 싸우지 않았습니다. 힘이 약해서가 아니라 싸우면 안되기 때문이었습니다. 그들은 이 문제들을 하나님 앞에 가지고 나갔고, 이 문제를 이겨냈습니다. 빌라델비아교인들은 핍박 속에서도 오히려 역동적인 모습을 보였습니다. 사데교인들은 고난도 없었고 핍박도 아무것도 없었습니다. 그러나 그들의 편안하게 망해 버리는 모습을 대조법으로 우리에게 보여 줍니다. 10절 보겠습니다.

"네가 나의 인내의 말씀을 지켰은즉 내가 또한 너를 지키어 시험의 때를 면하게 하리니 이는 장차 온 세상에 임하여 땅에 거하는 자들을 시험할 때라"

네가 인내의 말씀을 지켰으니 나도 너를 지키어 시험의 때를 면하게 하겠나고 말씀하십니다. 11절 보겠습니다.

"내가 속히 임하리니 네가 가진 것을 굳게 잡아 아무나 네 면류관을 빼앗지 못하게 하라"

네가 가진 것을 굳게 지켜라. 또 네 면류관을 빼앗지 못하게 하라고 말씀하십니다. 12절 보겠습니다.

"이기는 자는 내 하나님 성전에 기둥이 되게 하리니 그가 결코 다시 나가지 아니하리라 내가 하나님의 이름과 하나님의 성 곧 하늘에서 내 하나님께로부터 내려오는 새 예루살렘의 이름과 나의 새 이름을 그이 위에 기록하리라"

이기는 자는 내 하나님 성전의 기둥이 되게 하겠다는 것입니다. 새 예루살렘은 계시록 22장에, 끝 장에 나오는데, 두 개의 성도들의 모습을 끝까지 끌고 가면서 승리자와 패배자의 모습을 우리에게 보여주고 있습니다. 비록 우리가 하나님의 은혜도, 약속도, 축복도, 믿음도 적게 가졌더라도 불평하거나 타협하지 말고 열쇠를 이미 가지신 예수님이 문마다 다 열어 놓았을 뿐 아니라 그분이 우리와 함께하신다는 사실을 알고 승리자로 사시기를 축원합니다.

사명과 비전

성경본문
계시록 3장 14절 ~ 22절

5 사명과 비전

성경본문
계시록 3장 14절 ~ 22절

로마제국은 로마와 아시아로 크게 두 부분으로 나눌 수 있을 것입니다.

로마에서는 아우구스투스 황제 때부터 황제 우상숭배 사상을 강요하고, 그래서 불시에 동네사람 전체를 광장에 소집합니다. 그리고 향불을 피우고 황제에 대해서 우상숭배를 강요합니다. 그러나 그 당시 기독교인들은 내가 한 번 황제에게 고개를 숙이고 나중에 믿음생활을 잘해야지 하고 이 위기를 피해가야지 라고 생각하지 않았습니다. 그들은 색출을 당하고 사자 밥이 되고, 그리고 화형을 당하고 순교하면서도 황제 우상숭배를 하지 않았습니다.

그래서 로마에 있는 교인들은 로마 성곽에서 정확하게 4.8km 떨어진 검은 모래를 채취했던 채석장, 곧 화산 용암이 부드럽게 된 모래를 굴을 파고 그 채석장으로 숨어 들어갔습니다. 그리고 기독 교인들은 계속 깊이 파서 들어가 숨었습니다.

A.D.60년 후반부터 A.D.313년 콘스탄틴 대제가 기독교를 공인하기까지 기독교인들은 250년 동안을 카타콤 속으로 들어가서 살았습니다. 키티콤이 지금까지 빌건된 것이 60개인데, 그숭에 54개는 기독교인의 카타콤이고 나머지 6개는 유대인의 카타콤입니다. 지금까지 발굴된 것만 그렇고 더 있을 수 있습니다. 카타콤의 총 길이는 940km인데, 이 거리는 신의주에서 부산까지의 거리 정도 됩니다. 그 속에서 250년 동안 기독교인이, 무덤에 장사된 숫자가 600만 명 정도 됩니다. 카타콤 속에서 250년 동안 햇빛을 보지 못하고 심지어 어린아이들까지도 주일 한 번 지키고 황제 우상숭배를 하지 않기 위해서 이렇게 죽어갔습니다.

안이숙 여사를 알지요. 안이숙 여사가 학생 때 아침 조회시간에다 신사참배를 하는데, 훈육 주임이 보니까 한 학생만 고개를 숙이지 않고 들고 있었다고 합니다. 안이숙이라는 학생이었습니다. 그래서 그때부터 끌려가서 고난을 받고 사형언도를 받게 됩니다. 사형집행 날자가 1945년 8월 15일 오후 2시였습니다. 그런데 해방은 1945년 8월 15일 오전 10시였습니다. 일본 천황이 항복한 시간입니다. 오후에 사형이 집행될 것으로 예정되어 있어서 그녀는 순교하기를 원했는데, 하나님께서는 살아있는 순교자로 만드셨습니다. "죽으면 죽으리라, 죽으면 살리라"라는 안이숙 여사의 일대기입니다. 참으로 우리에게 감동을 주고 있습니다.

사도요한도 순교를 원했지만 하나님께서는 사명이 있어서 마지막까지 남겨 두었습니다. 소아시아에 황제우상숭배가 아주 강력하게 일어났습니다. 우리가 지금 보는 아시아의 일곱 교회는 해안을 따라서 있고, 두아디라, 라오디게아는 내륙에 있는데, 이 아시아에 있는 교인들은 동쪽으로 피신을 해서 아라랏산을 넘어 갑바도기아라는 곳으로 피난을 갔습니다. 버섯처럼 생긴 석회암으로 된 동굴을 파서 250년 동안 콘스탄틴 대제가 기독교를 공인할 때까지, 기독교를 믿도록 허용할 때까지 그곳에서 굴을 파고 기도하며 몇 만 명이 모일 수 있는 지하 광장을 파서 신앙생활을 했습니다. 우리는 오늘 신앙생활 한다는 것이 부끄럽지요.

라오디게아교회

라오디게아교회는 에바브로디도가 개척했습니다.

라오디게아는 동양과 서양이 만나는 중요한 세 개의 도로 한 가운데 있었기 때문에 교통의 요충지였습니다. 그래서 에바브로디도는 복음을 전하는 선교의 거점으로 라오디게아에 교회를 세웠습니다. 그러나 라오디게아교회 교인들은 요지부동(搖之不動)이었습니다. 라오디게아는 아주 잘 살았습니다. 그래서 은행도 많이 생겨났습니다. 또 요즘 말로하면 의과대학도 있었고, 양모 산업도 발달해서 부유했습니다. 14절을 보겠습니다.

"라오디게아 교회의 사자에게 편지하기를 아멘이시요 충성되고 참된 증인이시요 하나님의 창조의 근본이신 이가 가라사대"

왜 라오디게아교인들에게 "아멘"이란 표현을 썼을까요? 라오디게아교인들은 "아멘"하지 않았습니다. 그들은 '이런 교인이 있을까?' 할 정도로 철저하게 불순종했습니다. 그래서 전도할 필요도 없고, 선교할 필요도 없고, 교회의 사명과 비전을 망각한 교회였습니다. 사데교회는 죽었다고 했는데, 그래도 몇 명은 깨어 있었습니다. 그러나 라오디게아교회는 완전한 세속적 교회, 껍데기 교회였습니다. 한 사람도 바로 서있는 사람이 없었습니다.

그들은 형식적이고 기계적인 예배에 그쳤습니다. 고난과 핍박이 없었던 곳에는 부흥도 없었습니다. 라오디게아교회는 황제 우상숭배도 강요받지 않았고, 고난도 핍박도 없었습니다. 이들은 충성되고 참된 증인의 삶을 감당하지 못했습니다. 또 하나님의 창조의 근본이신 예수 그리스도를 믿지 않았습니다. 15절을 보겠습니다.

"내가 네 행위를 아노니 네가 차지도 아니하고 더웁지도 아니하도다
    네가 차든지 더웁든지 하기를 원하노라"

라오디게아교회는 삼각형으로, 위에는 히에라폴리스라고 하는 유명한 온천지대가 있었습니다. 라오디게아는 도시 전체가 하얀색입니다. 우리가 사진을 보면 흰 색의 온천들이 흘러내리는 곳이 라오디게아입니다. 히에라폴리스에서 수로가 연결되어서 수도처럼 도시 전체로 물을 공급합니다. 그래서 히에라폴리스에서 온천수가 도시 전체로 공급되다 보면 물이 내려오면서 미지근해집니다. 11km정도 됩니다. 그리고 그 옆에는 유명한 골로새교회가 있었던 골로새가 있었습니다. 그러나 라오디게아교인들은 너무 부유했습니다. 한 번은 지진이 일어나서 다 무너진 적이 있습니다. 그래서 로마에서 너희를 도와주겠다고 했더니 라오디게아 시민들이 '그럴 필요가 없다'고 거절할 정도로 부유했습니다. 16절을 보겠습니다.

"네가 이같이 미지근하여 더웁지도 아니하고 차지도 아니하니 내 입
    에서 너를 토하여 내치리라"

예수님께서는 그들의 미지근한 물을 염두 해 두고 이 말씀을 하시는 것입니다. 인간의 경험 가운데 가장 기억하기 싫은 것은 구토요인이죠. 하나님의 구토요인입니다. 하나님께서 너희를 보니까

토하고 싶다고 말씀하십니다. 너희를 보니 도대체 매스꺼워서 견딜 수 없다고 말씀하십니다. 최악의 모습을 보여주고 있는 라오디게아교인들은 이렇게 호언장담을 했습니다. 17절을 보겠습니다.

"네가 말하기를 나는 부자라 부요하여 부족한 것이 없다 하나 네 곤고한 것과 가련한 것과 가난한 것과 눈먼 것과 벌거벗은 것을 알지 못하도다"

라오디게아교인들은 "나는 부자다"라고 말하는데, 예수님께서는 "너희는 가난하다"고 말씀하십니다. 그들은 남을 돕지도 않고, 선교도 하지 않고, 구제도 하지 않고, 나도 도움을 받지 않겠다고 말합니다. 라오디게아교인들은 아무도 어떻게 할 수 없는 꽉 막힌 모습을 보여주고 있습니다.

그들은 가련한 것과 가난한 것과 눈먼 것과 벌거벗은 것을 알지도 못하는 영적으로 무지하고 깨닫지도 못하는 사람들이었습니다. 18절을 보겠습니다.

"내가 너를 권하노니 내게서 불로 연단한 금을 사서 부요하게 하고 흰 옷을 사서 입어 벌거벗은 수치를 보이지 않게 하고 안약을 사서 눈에 발라 보게 하라"

세 가지 권면을 합니다. 첫 번째, 금을 사라. 여기서 "금"은 믿음을 가리킵니다. 너희는 고난을 통과할 믿음이 없구나. 너희는 돈이 많으니까 그 돈으로 믿음을 사라고 권면합니다. 그리고 두 번째로, 부패하고 타락한 그들에게 너희가 돈이 많다고 하니까 흰 옷을 사라고 말씀하십니다. 세 번째로, 안약을 사서 눈에 발라 좀 보아라고 권면의 말씀을 하십니다. 19절을 보겠습니다.

"무릇 내가 사랑하는 자를 책망하여 징계하노니 그러므로 네가 열심을 내라 회개하라"

이런 최악의 교인들을 향해서도 내가 너를 사랑한다고 말씀하시는 예수님의 모습입니다. 20절을 보겠습니다.

"볼지어다 내가 문 밖에 서서 두드리노니 누구든지 내 음성을 듣고 문을 열면 내가 그에게로 들어가 그로 더불어 먹고 그는 나로 더불어 먹으리라"

문을 꽉 닫고 있는 그들에게 제발 문 좀 열어달라고 말씀하십니다. 홀만 헌트가 그린 『세상에 빛되신 예수』라는 유명한 그림이 있습니다. 잔디밭 위에 두꺼운 반원 문에 등잔을 들고 문을 노크하시는 예수님의 모습의 그림입니다. 친구들이 완성된 그림을 보고 지적을 했습니다. 왜 이 문에는 문고리가 없느냐고 했습니다. 그러자 홀만 헌트는 이 문은 안에서만 열 수 있는 문이기 때문에 문고리를 그리지 않았다고 말했습니다.

20절의 "서서"라는 단어는 현재완료시제입니다. 예수님은 오래 전부터 서 계신 것입니다. 그 문을 계속해서 노크하고 계십니다. 완고하여 전도하지 않고 선교하지 않고 구제하지 않고 자기만 아는 고십불통과 같은 라오디게아교인들의 모습은 어쩌면 오늘 우리 현대 교인들의 모습일 것입니다. 버티고 있는 라오디게아교인들을 위해서 예수님은 오래 전부터 등을 들고 서서 노크하고 계십니다.

"풍성한 삶은 어디서 오는가?" 몇 가지 동사가 나오죠. 20절에 먼저 "들고"가 나옵니다. 풍성한 삶은 먼저 말씀을 듣는 것입니다. 로마서 10장 17절에 믿음은 들으면서 난다고 했습니다. 그리고 그 다음은 "열면"입니다. 마음을 열어야 풍성한 삶을 누릴 수 있습니다. 풍성한 삶은 물질로부터 오는 것이 아니라 우리의 마음의 문을 여는 것에서부터 시작합니다. 우리가 새벽에 나와서 예배할 때도, 또 우리가 기도할 때도 마음의 문을 열어야 합니다. 하나님께서는 문을 이미 열어 놓았지만 그럼에도 불구하고 라오디게아교인들은 문을 꼭 닫고 열어주지 않습니다. 그러나 예수님은 그럼에도 내가 너희를 사랑한다고 말씀하고 계십니다.

문을 열면 내가 그에게로 들어가 '먹는다'는 세 번째 동사입니다. 예수님과의 교제는 마음의 문을 열 때 시작되는 것입니다. 우리와 이웃과의 관계도 마찬가지입니다. 일곱 개의 교회 중에서 파격적인 최고의 축복을 약속하셨습니다. 왜 그럴까요? 라오디게아 교인들이 그만큼 고집을 부리고 있기 때문입니다. 21절을 보겠습니다.

"이기는 그에게는 내가 내 보좌에 함께 앉게 하여 주기를 내가 이기고 아버지 보좌에 함께 앉은 것과 같이 하리라"

이기는 자는 내가 내 보좌에 함께 앉게 하여 주겠다고 하는 파격적인 제안을 합니다. 우리가 무엇을 이겨야 할까요? 고난이나 핍박도 이겨야 되지만 우리자신의 교만과 오만과 아집을 이겨야 합니다.

라오디게아교회를 가장 중요한 교통의 요충지에 사명을 감당하라고 세워 주셨는데 그들은 마음의 문을 끝까지 닫아 버렸습니다.

우리가 일곱 교회를 살펴보았지만 중요한 것은 이기는 것입니다. 우리가 문을 여는 것은 지는 것이 아니라 이기는 것입니다. 우리가 예수님 앞에 문을 여는 것은 항복하는 것이지요. 그러나 그것이 우리가 이기는 것이라는 사실을 알아야 합니다. 우리는 예수님 앞에 끝까지 고집을 부리며 버티는 경우가 있는데 그렇게 하지 말고 예수님께 문을 열어 이기는 자가 되시기를 축원합니다.

예배자는 승리자

성경본문
계시록 4장 1절 ~ 11절

6 예배자는 승리자

성경본문
계시록 4장 1절 ~ 11절

요한계시록 뿐만 아니라 성경에는 숫자가 많이 나옵니다. 특별히 요한계시록의 숫자는 마치 암호와 같아서 숫자를 이해하지 못하면 계시록을 이해 할 수가 없습니다. 숫자의 의미는 실질적인 숫자의 의미도 있지만 대부분은 상징적인 의미를 보여줍니다. 천국은 분명히 존재하지만 사도 요한이 본 천국은 비전이며, 상징적인 모습입니다.

성경에 나오는 숫자 1은 절대 숫자입니다. 숫자 1은 유일하게 한 분만 계시는 하나님의 숫자입니다. 헬라어의 알파('A')는 1의 숫자입니다. 숫자 3은 하늘의 숫자입니다. 성부, 성자, 성령을 가리키는 삼위일체 하나님의 숫자입니다. 숫자 4는 동서남북 가리키는 땅의 숫자입니다. 에덴동산에서 발원하는 물의 근원도 네 줄기였습니다.

완전 수가 세 개가 나오는데, 첫 번째가 7입니다. 7이라는 완전수는 하늘의 숫자 3에 땅의 숫자 4를 더한 것입니다.

본문에도 일곱 영, 일곱 등불, 일곱 대접, 일곱 나팔이 나옵니다. 구약성경에도 나아만이 물속에 일곱 번 들어갑니다. 이것은 물론 7이라는 숫자의 의미도 있지만 나아만의 자아의 죽음을 의미하는 것입니다. 나아만이 일곱 번 장례식을 치르는 체험을 하나님이 요구하신 것입니다. 또 엘리야가 갈멜산상에서 머리를 무릎사이에 넣고 일곱 번 기도했습니다. 이것은 완전한 하나님 앞에서의 내어 맡김입니다. 철저하게 하나님을 의뢰하는 완전수의 숫자입니다. 여리고성을 7일 동안 돌고, 마지막 날 일곱 번을 돌게 하셨습니다.

특별히 요한계시록에 7이라는 숫자가 집중적으로 나오는 것을 볼 수 있습니다.

두 번째 완전수는 10입니다. 10이라는 숫자는 완전수 7에 하늘의 숫자 3을 더한 것입니다. 하나님께서는 성막, 성전의 모든 치수를 10진법으로 쓰게 하셨습니다. 기본 숫자가 10입니다. 하나님께서는 왜 꼭 십계명을 주셨을까요? 완전수 10의 의미가 있습니다. 십일조도 내 수입의 십분의 일인 최소한의 내 수입을 드리는 것이 아니라 하나님 앞에 하나님의 것을 완전하게 드린다는 의미가 십일조입니다. 또 하나의 완전수가 있습니다. 그 숫자는 12입니다. 12라는 숫자는 하늘의 숫자 3에 땅의 숫자 4를 곱한 숫자입니다.

12지파, 왜 꼭 '12지파인가?' 라고 할 때 12는 완전수의 의미가 있습니다.

신약에서 예수님이 제자들을 뽑다 보니까 12명이 아니라 예수님은 12명을 생각하고 제자들을 뽑았습니다.

구약에서 12지파 중에 레위지파가 빠지고, 요셉의 두 아들 에브라임과 므낫세가 들어가서 다시 12지파가 형성되는 것은 완전수를 맞추기 위해서입니다. 또 신약에서도 가룟인 유다가 빠지고 맛디아를 집어넣는데, 그것은 완전수를 맞추기 위함입니다. 그래서 구약의 12지파의 대표와 신약의 12제자의 대표는 상징성입니다. 구약의 12지파의 대표와 신약의 12제자의 대표가 더해져서 요한계시록의 24장로가 나오는 것입니다. 그래서 24장로는 구약의 성도의 대표와 신약의 성도의 대표를 상징하는 것이지, 24장로는 문자적인 24장로를 의미하는 것이 아닙니다.

요한계시록 7장과 14장에 인 맞은 숫자 144,000명이 나오는데, 어떻게 인 맞은 숫자가 144,000명이 나옵니까?

모든 성도들을 대표하는 대표성을 띤 12지파에서, 한 지파당 12,000명이 나옵니다. 왜 12,000명이 나옵니까? 완전수 $12 \times 10 \times 10 \times 10$을 곱하면 12,000명이 나옵니다. 이 숫자는 상징적인 숫자이지 문자적인 숫자가 아닙니다.

이단들은 144,000을 문자적으로 해석합니다. 그러나 144,000은 상징적인 숫자입니다. 또 40이라는 숫자가 있습니다. 40은 땅의 수 4에 완전수 10을 곱한 것입니다. 인간의 고난이 끝나는 숫자입니다. 인간의 고난이 다할 때까지가 40입니다. 이스라엘 백성들이 광야에서 몇 년 동안 유리방황합니까? 40년입니다. 우리의 고난의 수는 40년이 아닙니다. 우리에게는 하나님이 정해준 수를 말합니다. 그래서 우리가 생명을 맡기고 금식할 때 40일을 합니다. 예수님도 금식을 40일 하셨고, 엘리야도 광야에서 40일을 금식한 이유가 여기 있습니다.

이스라엘 백성들이 애굽에서 노예생활을 몇 년 동안 했습니까? 400년입니다. 400년의 의미가 어디 있습니까? 고난의 숫자 40에 완전수 10을 곱한 것이 400년입니다.

그리고 오순절(五旬節)은 '50일 째의 절일'이라는 의미를 지닌 헬라어로는 "펜테코스테"입니다. 숫자 50(오순절)은 완전수 7×7이 끝나는 바로 다음이 50입니다. 50은 새 출발을 의미합니다. 그래서 오순절은 새 출발을 의미합니다. 오순절 때 성령이 새 출발합니다. 또 교회가 새 출발했습니다. 50년 째 되는 해에는 이방인 노예들을 자유롭게 풀어줍니다. 이 제도를 희년제도라고 합니다.

8이라는 숫자의 의미도 마찬가지입니다.

7이라는 완전수가 끝나는 다음 날이 8인데, 8이라는 숫자도 새 출발을 의미합니다. 구약에 남자 아이가 출생하면 할례를 8일째

했습니다. 현대의학이 발견한 것은 아이가 태어나서 포경수술을 8일째 하면 피가 제일 빨리 응고된다는 사실입니다. 이것은 현대의학이지만 성경은 이보다 더 깊은 의미를 우리에게 보여주고 있습니다. 성경에서 남자 아이가 출생한 지 8일째 할례를 행하는 것은 이제 이 아이가 하나님께 드려지고 새롭게 출발한다는 의미가 있습니다.

6이라는 숫자는 완전수 7에서 하나가 부족한 숫자입니다. 그래서 짐승의 숫자입니다. 그 짐승의 숫자 6이 세 개가 합해지면 666인 사단의 숫자가 되는 것입니다. 어떤 신학자들은 666을 암호 풀듯이 또 다른 의미로 풀어내는 이들도 있습니다. 그러나 대체적으로 우리가 숫자를 이렇게 이해하고 요한계시록을 보아야 합니다. 미래적인 것이 4장부터 시작됩니다. 1절을 보겠습니다.

"이 일 후에 내가 보니 하늘에 열린 문이 있는데 내가 들은 바 처음에 내게 말하던 나팔 소리 같은 그 음성이 가로되 이리로 올라오라 이 후에 마땅히 될 일을 내가 네게 보이리라 하시더라"

"마땅히 될 일"은 "반드시 될 일을"이란 뜻입니다. 소아시아의 일곱 교회의 예언이 그대로 성취된 것 같이 이제 앞으로 될 일도 보이리라고 말씀하십니다. 2절 보겠습니다.

"내가 곧 성령에 감동하였더니 보라 하늘에 보좌를 베풀었고 그 보좌
  위에 앉으신 이가 있는데"

사도 요한이 본 것은 자기 본 것이 아니라 성령에 감동되어 본 것
입니다. 그러나 이것이 실제적인 예배의 모습이 아니라 상징적인
것임을 이해해야 합니다.

요한이 제일 먼저 본 것은 하늘의 보좌입니다. 요한이 하나님의
보좌를 보았는데, 하나님이 꼭 그 자리에 앉아 있다는 실제적인 의
미가 아니라 상징적인 의미로 이해를 해야 합니다. 하나님이 보좌
에 앉아 있고, 보좌를 둘러서 24장로들이 보좌에 앉아 있는 모습을
보았습니다. 24장로들은 신약과 구약의 대표성을 상징하는 것이
라고 했습니다. 24장로는 흰 옷을 입고 있고, 머리에는 면류관을
쓰고 있습니다. 앞에서 일곱 교회의 승리한 성도들이 입는 옷이 흰
옷입니다. 또 승리한 성도들이 쓰는 것이 면류관입니다.

24장로들은 신약과 구약의 모든 승리한 성도들입니다. 천국의
모습은 승리한 성도들이 하나님의 보좌를 둘러서서 24장로처럼
보좌에 앉는 것입니다.

다시 말해서 하나님의 보좌에 승리한 성도들이 같이 참여하는
것입니다. 우리가 다 천국에 가면 흰 옷을 입고 돌아다니는 것이
아니라 네가 정결했구나, 네가 신앙을 굳게 지켜 승리했구나 라는
의미로 흰 옷을 입혀 준다는 상징적인 의미가 있는 것입니다. 5절

보겠습니다.

"보좌로부터 번개와 음성과 뇌성이 나고 보좌 앞에 일곱 등불 켠 것
이 있으니 이는 하나님의 일곱 영이라"

24장로 앞에 일곱 등불 켠 것이 있으니, 이것이 곧 하나님의 일곱 영이라고 말씀하십니다. "하나님의 일곱 영"은 성령입니다. 성령이 등불같이 불을 밝히는 것입니다. 성령의 역사가 여기 있는 것입니다. 4장은 성부하나님께 예배하는 것을 강조하고 있고, 5장은 성자 예수 그리스도를 주라 칭하며 예배하는 것을 강조하고 있습니다. 6절 보겠습니다.

"보좌 앞에 수정과 같은 유리 바다가 있고 보좌 가운데와 보좌 주위
에 네 생물이 있는데 앞뒤에 눈이 가득하더라"

24장로 앞에 일곱 등불, 일곱 영이 있습니다. 그리고 그 앞에 수정과 같은 유리바다가 있습니다. 그리고 7절을 보겠습니다.

"그 첫째 생물은 사자 같고 그 둘째 생물은 송아지 같고 그 셋째 생물
은 얼굴이 사람 같고 그 넷째 생물은 날아가는 독수리 같은데"

그리고 수정과 같은 유리바다 앞에 네 생물이 있습니다. 4는 땅의 숫자입니다. 그래서 이 네 생물은 땅을 대표하는 모든 피조물의 대표성을 띠고 있습니다. 하나님이 만든 모든 피조물의 대표입니다. 맹수의 대표는 사자입니다. 그리고 초식동물의 대표는 소입니다. 또 모든 살아 있는 피조물의 대표는 사람입니다. 마지막으로 조류의 대표는 독수리입니다.

네 생물은 에스겔서 1장에도 나옵니다. 그래서 전국에서 모든 피조물이 하나님을 예배하는 광경을 상징적으로 보여주고 있습니다. 그러므로 하나님은 모든 것으로부터 찬양을 받으실 분임을 보여줍니다. 그 사이 유리바다가 있는 것은 하나님과의 사이가 너무 먼 것입니다. 그러나 투명하고 깨끗한 수정체 같은 유리바다의 모습을 보여주고 있습니다.

다시 정리하면, 먼저 하나님의 보좌가 있고, 그 뒤로 24장로가 있고, 24장로 앞에는 일곱 등불 곧 일곱 영이 있고, 그 앞에는 수정과 같은 유리바다가 있고, 그 앞에는 모든 피조물의 대표성을 띤 네 생물이 있습니다. 이것은 모든 삼라만상(森羅萬象)이, 모든 인간이, 모든 피조물(被造物)이 하나님을 예배하고 찬양하는 모습으로 나타나는 것은 하나님은 예배와 찬양을 받으실 대상이라는 말씀입니다.

성경 전체가 그러하지만 요한계시록은 성령의 감동으로 우리에게 비전과 환상을 보여 주고 있는 것입니다.

어떤 성도가 자기는 천국 가기 싫다고 합니다. 왜냐하면 지금도 예배드리는 것도 지긋지긋한데, 천국에 가면 밤낮 예배를 드리기 때문이라고 합니다. 그러나 그것은 잘못 생각하고 있는 것입니다.

우리가 천국에 가면 이런 형태의 예배는 없습니다. 하늘에서 천국백성들 모아 놓고 아침예배, 점심예배, 오후예배, 저녁예배와 같은 형태의 예배가 아니라 상징적인 것입니다.

천국은 우리의 일상적인 삶과 똑같이 되풀이 되는 것이 아닙니다. 요한계시록에서 천국의 모습은 실제적인 것이라기보다 상징적인 것입니다. 8절 보겠습니다.

"네 생물이 각각 여섯 날개가 있고 그 안과 주위에 눈이 가득하더라 그들이 밤낮 쉬지 않고 이르기를 거룩하다 거룩하다 거룩하다 주 하나님 곧 전능하신 이여 전에도 계셨고 이제도 계시고 장차 오실 자라 하고"

네 생물이 여섯 날개가 있습니다. 6은 짐승의 숫자라고 했는데, 그러면 6이라는 숫자로 풀어야 합니까?

우리가 이사야서와 에스겔서를 이해해야 이 장면을 이해할 수 있습니다. 이사야가 하나님을 예배할 때 스랍(천사)의 날개가 여섯 개 있었습니다. 그런데 그 날개가 두 개씩, 두 개씩, 두 개씩 짝을 이루고 있습니다. 두 개씩 3의 완전수를 이루고 있습니다. 그래서 하나님의 숫자를 이루어 완전한 형태의 모습을 보여 주고 있는 것입니다. 그것이 하나님을 찬양하는 모습으로 나타납니다.

하나님을 찬양할 때 "거룩, 거룩, 거룩"을 세 번 반복하는 것은 히브리어에는 최상급이 없기 때문에 세 번 강조하는 것이 최상급의 표현으로 가장 거룩하신 하나님을 표현하는 것입니다. "진실로, 진실로"하면 정말 진실한 것을 표현하는 것처럼 말입니다. 10절 보겠습니다.

"이십사 장로들이 보좌에 앉으신 이 앞에 엎드려 세세토록 사시는 이에게 경배하고 자기의 면류관을 보좌 앞에 던지며 가로되"

24장로들이 하나님을 예배할 때 자기들이 머리에 썼던 면류관을 하나님의 보좌 앞에 내려놓습니다. 우리가 이 세상에서의 모든 공적으로, 하나님 앞에 영광으로 받는 면류관조차도 하나님께 예배 드릴 때는 벗어 놓는 모습은 인간의 겸손, 예배자의 겸손한 모습을 보여 줍니다. 우리가 세상에서 아무리 직위가 높고, 명예가 많다 할지라도 하나님 앞에 예배할 때는 내려놓아야 하는 모습을 보여 주고 상징하고 있는 것입니다. 11절 보겠습니다.

"우리 주 하나님이여 영광과 존귀와 능력을 받으시는 것이 합당하오니 주께서 만물을 지으신지라 만물이 주의 뜻대로 있었고 또 지으심을 받았나이다 하더라"

인간이 교만할 수 있는 모든 것을 내려놓고, "우리 주 하나님이여 영광과 존귀와 능력을 받으시는 것이 합당하오니 주께서 만물을 지으신지라"하면서 찬양하는 모습을 볼 수 있습니다.

하나님께서 에덴동산을 창설하시고 아담을 창조하시고, 그 아담에게 예배자로 서게 하셨습니다. 하나님께서 짐승을 잡아서 옷을 지어 입히시며 예배자로 살게 하셨습니다. 아담과 하와는 그 자식들에게 그렇게 가르쳤지만 히브리서 11장에서 아벨은 가인보다 더 나은 예배를 드렸다고 했습니다. 그래서 아벨을 예배에 성공한 자라고 했습니다. 가인은 예배에 실패한 자입니다. 그 속에 시기와 질투가 들어 왔을 뿐만 아니라 예배에 실패하니까 다 실패하게 되었습니다. 그래서 아우 아벨을 쳐 죽이게 되었습니다.

노아가 인류의 두 번째 조상으로 홍수 이후에 제일 먼저 한 것은 하나님께 단을 쌓고 예배하였습니다. 또 하나님은 아브라함을 믿음의 조상으로 세우시자 아브라함은 가는 곳마다 단을 쌓고 하나님께 예배를 드리므로 예배의 승리자가 되었습니다. 그러나 롯은 예배에 실패했습니다. 예배의 승리자로 사시기를 축원합니다.

누가 인봉을
뗄 것인가?

성경본문
계시록 5장 1절 ~ 14절

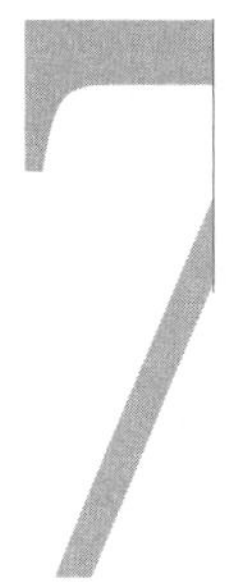

7

누가 인봉을
뗄 것인가?

성경본문
계시록 5장 1절 ~ 14절

열린 문으로 바라보았을 때 우주의 한 가운데는 하나님의 보좌가 있었습니다. 그리고 24장로 앞에는 일곱 등불 곧 일곱 영이 있었고, 또 그 앞에는 유리바다가 펼쳐져 있고, 또 그 앞에는 네 생물이 있습니다. 요한계시록에는 '보좌' 라는 단어가 46번 나옵니다.

하나님께서는 우주의 한 가운데 좌정하셔서 우주를 통치하시는 모습입니다. 우주의 주인되신 하나님은 우주를 창조하신 창조주이시며, 주권자이시며, 통치자이심을 강조하는 것이 '보좌' 라는 단어입니다. 요한계시록에서는 '보좌' 라는 단어가 많이 나옵니다. 그래서 우리가 이 그림을 연상해야 하는 이유는, 이 그림이 앞으로 요한계시록 끝까지 펼쳐지기 때문입니다. 1절 보겠습니다.

> "내가 보매 보좌에 앉으신 이의 오른손에 책이 있으니 안팎으로 썼고
> 일곱 인으로 봉하였더라"

하나님의 "오른손"의 의미는 하나님의 주권이고, 권능이고, 능력과 약속을 상징합니다. 그런데 그 오른손에 무엇이 있습니까? 책이 있습니다.

이 책은 두루마리로 된 책입니다. 이 두루마리 안팎에 빼곡히 기록된 책의 내용은 종말에 대한 미래에 펼쳐질 사건, 인류의 미래에 대한 계시입니다. 종말에 대한 계시, 종말에 대한 하나님의 약속이 기록된 이 두루마리 책이 하나님의 오른손에 있습니다.

당시는 로마시대입니다. 그러면 황재의 칙령을 생각해 보겠습니다. 황재가 자기의 명령을 하달할 때, 또 유언할 때 그 내용을 두루마리에 쓰고 끈으로 묶어서 인봉처리를 합니다. 그런데 인봉 처리된 인이 일곱 개가 있습니다. 일곱이라는 숫자는 완전수입니다. 그래서 누구도 뗄 수 없는 완전한 인봉이라는 뜻입니다. 미래의 종말, 인류의 모든 것에 대한 모든 것을 기록한 가장 중요한 두루마리 책입니다. 이 어마어마한 하나님의 계시가 담겨져 있는 두루마리 책은 아무도 뗄 수 없습니다. 4절 보겠습니다.

"이 책을 펴거나 보거나 하기에 합당한 자가 보이지 않기로 내가 크

게 울었더니"

그래서 사도요한은 크게 울면서 안타까워서 통곡합니다. 저 두
루마리 책의 내용을 보고 알아야 하는데 아무도 뗄 수 없고, 하나
님조차도 떼려고 하는 생각이 없는 것 같아 보일 때 사도요한은 안
타까웠습니다.

로마황제의 인봉(印封)은 두루마리 책에만 찍은 것이 아닙니다.
예수님이 십자가에서 돌아가시자 십자가에서 내려 돌무덤에 장사
지내고 돌무덤을 닫고 인봉(印封)처리를 했습니다. 그것을 떼면 죽
는 것입니다. 그것이 로마황제의 법이었고, 로마의 법이었습니다.

두루마리에 일곱 개의 인봉(印封)이 차례로 있는데, 그 인봉(印
封)을 뗄 데마다 사건이 일어납니다. 그것이 요한계시록에 계속
이어집니다.

사도요한은 '누가 저 두루마리의 인봉(印封)을 뗄고' 하며 안타까
워하는데 24장로 중에 힘센 장로의 목소리가 들려옵니다. 5절 보
겠습니다.

"장로 중에 하나가 내게 말하되 울지 말라 유대 지파의 사자 다윗의

뿌리가 이기었으니 이 책과 그 일곱 인을 떼시리라 하더라"

장로 중의 하나가 사도요한에게 울지 말라고 합니다. 인봉을 뗄 자가 있는데, 그는 유대 지파의 사자 다윗의 자손인 예수 그리스도 라는 것입니다.

예수 그리스도는 이기신 자죠. 무엇을 이겼습니까? 사망, 죽음, 모든 질병의 권세를 이기신 분입니다. 사단의 모든 권세를 이기고 승리하신 분이 예수님입니다. 예수님은 이긴 자고, 우리도 예수님 의 뒤를 좇아가면 이긴 자가 될 줄 믿습니다. 6절 보겠습니다.

> "내가 또 보니 보좌와 네 생물과 장로들 사이에 어린 양이 섰는데 일 찍 죽임을 당한 것 같더라 일곱 뿔과 일곱 눈이 있으니 이 눈은 온 땅에 보내심을 입은 하나님의 일곱 영이더라"

네 생물과 장로들 사이에 어린양이 섰는데, 이 '어린양'은 요한 계시록에 26회 나옵니다. '어린양'은 예수 그리스도를 가리킵니 다. 출애굽기부터 어린양으로 오신 예수 그리스도의 위치가 보좌 와 24장로와 네 생물 사이에 있습니다. 어린양의 위치는 중보자의 위치입니다. 어린양이신 예수님은 가운데 서서 우리 모든 성도들 을 위해 중보하는 중보자의 위치에 계십니다. 그런데 '일찍 죽임을 당한 것 같더라' 라는 말씀은 우리를 위해 십자가에서 피흘려 죽으 신 예수님은 어린양의 모습으로 나타나고 있습니다.

어린양의 머리에는 무엇이 달려 있습니까? 일곱 뿔입니다. 어린 양에는 뿔이 없지만 예수님의 모습을 상징하는 것입니다. 뿔은 권세와 능력을 가리킵니다. 일곱은 완전수입니다. 그래서 완전한 권세와 능력을 가지신 예수님의 모습을 상징하는 것입니다. 또 눈이 몇 개 입니까? 일곱 개입니다. 역시 일곱은 완전수입니다. '일곱 개의 눈'은 모든 것을 다 꿰뚫어 보시고, 불꽃같은 눈으로 우리의 모든 것을 감찰하셔서 감출 수 없이 예수 그리스도 앞에 다 드러낼 수밖에 없는 예수 그리스도의 눈입니다.

이 일곱 눈은 온 땅에 보내심을 입은 하나님의 일곱 영입니다. 7절 보겠습니다.

"어린 양이 나아와서 보좌에 앉으신 이의 오른손에서 책을 취하시 니라"

어린 양이신 예수님이 보좌에 앉으신 하나님의 오른손에서 책을 취합니다. 아직 인봉 떼기 전입니다. 8절 보겠습니다.

"책을 취하시매 네 생물과 이십사 장로들이 어린 양 앞에 엎드려 각 각 거문고와 향이 가득한 금대접을 가졌으니 이 향은 성도의 기도들 이라"

4장에서는 성부하나님을 찬양하는 모습을 보여주고 있다면, 5장은 네 생물과 24장로들이, 모든 피조물과 승리한 성도들이 다 어린 양 앞에 엎드려 성자예수님을 찬양하고 있는 모습을 보여주고 있습니다.

'거문고'는 당시의 모든 악기의 대표입니다. 그리고 향이 가득 담긴 금대접을 가졌는데, 여기서 '금대접'은 금 같은 믿음이고, '향'은 성도의 기도라 했습니다. 예수님은 성도들의 기도를 금 그릇에 담아 가장 소중하게 여깁니다. 그래서 핍박 받고 있는, 환란 가운데 기도하는 성도들의 기도를 금대접에 담아 하나님 앞에 아뢰는 역할을 하는 예수님의 모습을 보여줍니다. 할렐루야!

9절 보겠습니다.

> "새 노래를 노래하여 가로되 책을 가지시고 그 인봉을 떼기에 합당하시도다 일찍 죽임을 당하사 각 족속과 방언과 백성과 나라 가운데서 사람들을 피로 사서 하나님께 드리시고"

인봉 뗄 자는 바로 예수님이고, 그 예수님은 인봉 뗄 자격이 합당하신 분입니다. 왜 예수님께서 인봉을 떼기에 합당하십니까? 예수님이 죽임을 당하사 각 족속과 방언과 백성과 나라 가운데서 사람들을 피로 사서 하나님께 드렸기 때문입니다. 예수님은 우리를 피로 값주고 사셔서 우리를 구원하시고 구속하신 구속자이시기 때문입니다.

또한 예수님은 인봉을 떼는 자로만 나타나시는 것이 아니라 심판하시는 심판주로도 나타나십니다. 계속해서 10절 보시겠습니다.

"저희로 우리 하나님 앞에서 나라와 제사장을 삼으셨으니 저희가 땅
에서 왕노릇 하리로다 하더라"

우리 한 사람 한 사람을 하나님 나라 삼으셨습니다. 또한 우리를 제사장 삼으셨습니다. 우리는 다 제사장입니다. 제사장은 예배자요, 기도자요, 축복권이 있습니다. 그것이 제사장의 역할과 특권입니다. 그리고 예수님이 심판주로서 심판을 주관하실 때 옆에서 우리는 왕 노릇 하는 것입니다. 그러므로 우리는 계시록을 볼 때 두려워할 필요가 없습니다. 오히려 기쁨으로 어린양께 예배하는 것입니다. 11절 보겠습니다.

"내가 또 보고 들으매 보좌와 생물들과 장로들을 둘러선 많은 천사의
음성이 있으니 그 수가 만만이요 천천이라"

여기서 '음성'은 찬양하는 음성입니다. 그리고 '만만과 천천'은 숫자적인 개념으로 이해할 필요는 없습니다. 오히려 셀 수 없는 어마어마한 수를 이야기하는 것입니다. 구약성경에 '사울이 죽인 자는 천천이요, 다윗이 죽인 자는 만만이로다'라고 노래할 때의 그런 표현입니다. 12절 보겠습니다.

"큰 음성으로 가로되 죽임을 당하신 어린 양이 능력과 부와 지혜와
힘과 존귀와 영광과 찬송을 받으시기에 합당하도다 하더라"

여기에서는 보이지 않는 수가 있습니다. 찾아보겠습니다. '능력,
부, 지혜, 힘, 존귀, 영광, 찬송' 모두 일곱 가지입니다. 그래서 예
수님은 완전하게 찬양받으시기에 합당하신 분입니다.
헨델(Handel)의 "메시아(Messiah)"에 보면, '죽 임 당 하 신 어
린 양' 할 때 심벌이 울리고 옆에는 북이 울리는 오라토리오(Orato
-rio)와는 비교할 수 없는 만만 천천의 천사들이 찬양하는 모습입
니다. 13절 보겠습니다.

"내가 또 들으니 하늘 위에와 땅 위에와 땅 아래와 바다 위에와 또 그
가운데 모든 만물이 가로되 보좌에 앉으신 이와 어린 양에게 찬송과
존귀와 영광과 능력을 세세토록 돌릴지어다 하니"

'모든 만물이 보좌에 앉으신 이와 어린 양에게 찬송과 존귀와 영
광과 능력을 세세토록 돌릴지어다' 하고 천사들이 찬양하니까 14절
보겠습니다.

"네 생물이 가로되 아멘 하고 장로들은 엎드려 경배하더라"

'네 생물이', 즉 모든 피조물이 다 "아멘"합니다.

설교자에 대한 최고의 대접은 "아멘"하는 것입니다. 찬양대가 하나님을 찬양할 때 찬양대에 대한 최고의 대접도 "아멘"입니다. 또 대표 기도할 때 대표 기도자에 대한 최고의 대접도 "아멘"입니다. 뿐만 아니라 "아멘"할 때 축복이 바로 우리 자신에게 옵니다.

"아멘"은 내가 그 뜻에 동의합니다. 또한 "아멘"은 나도 그렇게 생각하고 그렇게 하겠습니다라는 뜻입니다. 그리고 장로들은 다 엎드려서 어린양 예수 그리스도를 경배하는 모습으로 마쳐집니다. 성도의 자세는 어떤 상황에서든지, 또 개인적인 종말을 맞이할 때도 두려워서 떠는 것이 아니라 설레임속에서 기쁨으로 예수 그리스도를 찬양하는 모습을 잃지 않아야 합니다.

그리고 제사장의 특권을 가지고 예배자의 삶을 통해서 승리자의 삶을 사시는 저와 여러분이 되시기를 축원합니다.

그러므로
깨어 있으라

성경본문
계시록 6장 1절 ~ 17절,
마태복음 24장 4절

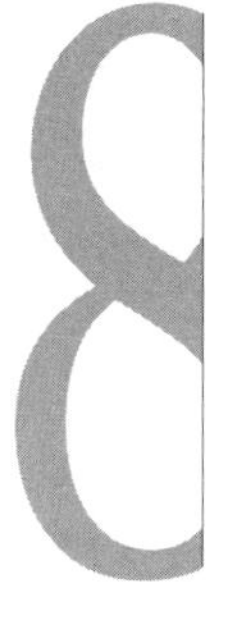

그러므로
깨어 있으라

성경본문
계시록 6장: 1절~17절,
마태복음 24장: 4절

일곱 번째 인이 떼어지는 순간 첫 번째 나팔이 불려집니다. 계속 연속성으로 이어집니다. 그리고 일곱 번째 나팔이 끝나자마자 동시에 첫 번째 대접부터 일곱 번째 대접이 계속 이어집니다.

다시 설명하면 일곱 번째 인이 떼어지는 순간 나팔이 불려집니다. 첫 번째부터 일곱 번째까지, 그리고 일곱 번째 나팔이 불려지는 순간 첫 번째 대접부터 일곱 번째 대접까지 쏟아집니다. 이것은 계속 연속성이 이어져 가는 심판과 종말에 대한 모습을 보여줍니다. 이 순서는 마태복음 24장의 순서를 따르고 있습니다. 종말에 대한 미래적인 것들은 요한계시록에만 기록이 되어 있는 것이 아니라 구약에서도 에스겔서와 다니엘서와 스가랴서에도 기록이 되어 있습니다.

특별히 오늘 본문은 스가랴 1장 8절과 스가랴6장의 말들에 대한 전령이 나오고 있습니다. 그러나 마태복음 24장의 순서를 따르고 있습니다. 그래서 마태복음 24장 42절은 예수님께서 종말에 대한 징조들을 다 말씀하시면서 결론으로 하신 말씀은 그러므로 깨어 있으라고 히셨습니다. 그래서 말씀의 세목을 "그러므로 깨어있으라"로 잡았습니다.

하나님께서는 한 시대를 마감할 때 심판하십니다. 예를 들면 이스라엘 백성들을 애굽에서 끌어내실 때 10가지 재앙의 사건이 있었습니다. 하나님은 10가지의 재앙에 초점을 맞추기보다 이스라엘 백성들을 어떻게 구원하시는가에 초점을 맞추었습니다. 하나님께서는 한 시대가 끝나면 심판하시지만 심판만 하는 것이 아니라 구속하시고 구원도 하십니다. 우리도 요한계시록을 볼 때 어떤 재앙이나 심판보다 하나님께서는 당신의 백성들을 어떻게 구속하시고 구원하시는가에 초점을 맞추어야 합니다. 그리고 반드시 한시대가 끝날 때 심판도 있지만 구원도 동시에 일어난다는 사실을 알아야 합니다. 또 노아의 홍수 때도 마찬가지입니다. 하나님께서 죄악된 인간을 심판하시는 것 뿐 아니라 노아와 그의 가족들을 어떻게 구원하시는가에 초점을 맞추어서 보아야합니다. 또 있습니다.

유다나라가 망할 때 하나님께서 유다나라 전체를 망하게 하셨지만, 그리고 심판과 종말을 그들에게 주셨지만 하나님의 택한 백성들을 어떻게 끄집어 내셔서 남은자들을 어떻게 구원하시고 회복시키시는 가에 초점을 맞추어야 합니다. 이러한 것들은 하나의 예표입니다. 그래서 예수님께서 마태복음 24장에 노아의 홍수의 예를 드셨습니다. 소돔과 고모라도 마찬가지입니다. 심판이 있었죠. 불과 유황의 심판이 있었습니다. 그러나 자기 백성 롯이 엉터리같이 신앙생활 했지만 그래도 그 롯을 심판에서 끌어내시는 하나님의 구원계획을 보아야합니다.

10가지 재앙과 비교하면서 보겠습니다.

10가지 재앙 중에 첫 번째 재앙은 '피' 입니다. 이 '피' 와 어린양의 피는 본질적으로 다릅니다.

피, 개구리, 이, 파리의 네 가지 재앙은 땅의 것에 대한 심판입니다. 그리고 이런 곤충들과 파충류를 통한 심판입니다. 여기 본문에 네 재앙의 공통점은 말탄 자의 재앙, 네 전령의 재앙이 나옵니다.

요한계시록에는 보이는 숫자도 있지만 보이지 않는 숫자도 있다고 했습니다. 여기 네 개의 인을 뗄 때의 4라는 숫자는 땅의 수라고 했습니다. 그래서 땅의 것을 심판하는 네 개의 전령, 모두 말탄 자로 나옵니다. 그래서 네 개를 묶어야 합니다. 먼저 땅에 대한 심판을 보도록 하겠습니다.

우리가 산을 볼 때 가까이 있는 산은 뚜렷하게 보이지만 먼 산은 희미하게 보이는 것처럼, 우리가 산과 산을 볼 때 산이 겹쳐서 오버랩(overlap) 되는 것처럼, 예수님께서 종말을 심판하시고 종말을 예언하실 때에도 앞에 나타날 사건과 뒤에 나타날 사건을 오버랩 (overlap)하면서 예언하셨습니다. 마태복음 24장에 종말의 예언 성취는 얼마 후에 일어날 이스라엘의 멸망 사건입니다. 어떤 사건 입니까? A.D.70년에 로마군에 의해서 이스라엘이 멸망하고 100 만 명 이상이 죽고 100만 명 이상이 포로로 끌려가는 사건입니다. 이것이 앞에 있는 산이라면, 뒤에 있는 산은 이 지상에 대한, 세상 에 대한 종말을 말씀하시는 것입니다. 이것이 예수님이 마태복음 24장에 말씀하신 예언의 내용입니다.

　구약성경의 모든 예언도 그렇게 겹쳐 있습니다. 앞에 있는 것들 은 다 그림자이고, 요한계시록은 마지막 종말의 실체입니다. 1절 보겠습니다.

"내가 보매 어린 양이 일곱 인 중에 하나를 떼시는 그 때에 내가 들으
　니 네 생물 중에 하나가 우뢰 소리같이 말하되 오라 하기로"

첫 번째 인을 뗄 때 우뢰 소리가 말하였습니다. 마치 종말을 예 고하는 팡파레 같은 큰 소리가 났습니다. 그리고 2절 보겠습니다.

"내가 이에 보니 흰 말이 있는데 그 탄 자가 활을 가졌고 면류관을 받
　고 나가서 이기고 또 이기려고 하더라"

첫 번째 전령이 탄 말 색깔이 무엇입니까? '흰 말'을 타고 있습니다. 여기서 '흰 말 탄자'는 예수 그리스도가 아닙니다. 정확하게 이야기하면 정관사가 붙어 있지 않습니다. '그 사람', 혹은 '그 흰 말' 이렇게 나오면 예수 그리스도지만 색깔이 희다고 해서 다 예수 그리스도라고 이해하면 안됩니다. 흰 말을 탄자는 전쟁을 일으키는 전령입니다. 종말에 대한 첫 번째 현상은 전쟁입니다. 그래서 면류관을 받고 전쟁을 일으키는 자는 계속 승리합니다. 그리고 전쟁을 이기기위해서 계속해서 전쟁을 일으키는 현상이 종말에 대한 첫 번째 현상입니다. 점점 빨리 진행됩니다. 3절 보겠습니다.

"둘째 인을 떼실 때에 내가 들으니 둘째 생물이 말하되 오라 하더니"

두 번째 인을 뗍니다. 4절 보겠습니다.

"이에 붉은 다른 말이 나오더라 그 탄 자가 허락을 받아 땅에서 화평을 제하여 버리며 서로 죽이게 하고 또 큰 칼을 받았더라"

두 번째 인을 뗄 때에 전령의 말의 색깔은 무엇입니까? 붉은 말입니다. 전쟁이 점점 더 강해지고요. '붉은 색'은 '피'를 나타냅니다. 그래서 화평을 제하여 버립니다.

마태복음 24장에는 나라와 나라가, 민족과 민족이 서로 전쟁을 일으키고 죽이게 합니다. 그리고 큰 칼을 받았습니다. 첫 번째 인이나 두 번째 인의 공통점은 전쟁인데, 첫 번째 인의 전쟁보다 두 번째 인의 전쟁이 점점 더 확대되어 갑니다. 5절 보겠습니다.

"셋째 인을 떼실 때에 내가 들으니 셋째 생물이 말하되 오라 하기로 내가 보니 검은 말이 나오는데 그 탄 자가 손에 저울을 가졌더라"

세 번째 인을 뗄 때에 전령이 탄 말은 무슨 색깔입니까? 검은 말을 타고 있습니다. 그리고 그 손에 저울을 가졌습니다. 계속해서 6절 보겠습니다.

"내가 네 생물 사이로서 나는 듯하는 음성을 들으니 가로되 한 데나리온에 밀 한 되요 한 데나리온에 보리 석 되로다 또 감람유와 포도주는 해치 말라 하더라"

"감람유와 포도주"는 무엇을 이야기 합니까? 기근을 이야기합니다. 전쟁으로 인한 기근입니다. 7절 보겠습니다.

"넷째 인을 떼실 때에 내가 넷째 생물의 음성을 들으니 가로되 오라 하기로"

네 번째로 인을 뗍니다. 계속해서 8절을 보겠습니다.

"내가 보매 청황색 말이 나오는데 그 탄 자의 이름은 사망이니 음부
가 그 뒤를 따르더라 저희가 땅 사분 일의 권세를 얻어 검과 흉년과
사망과 땅의 짐승으로써 죽이더라"

네 번째로 인을 뗄 때에 전령이 탄 말은 무슨 색깔입니까? 청황
색 말입니다. 사망과 음부가 그 뒤를 따릅니다. '땅의 사분지 일'은
지상의 사분지 일을 말하는 것이 아니라 여기 저기 일어나는 사분
지 일입니다.

흉년과 사망과 짐승으로써 죽입니다. 네 번째 인을 뗄 때에 나타
나는 현상은 전쟁과 기근인데, 점점 가속도가 붙고 점점 커져 나갑
니다.

다시 첫 번째 인부터 네 번째 인까지 요약하면, 첫 번째 인부터
두 번째 인까지는 전쟁, 세 번째 인은 기근, 네 번째 인은 기근과
전쟁을 포함한 땅에 대한 심판이 계속 이어져 나가고 있습니다. 이
것은 하나의 순서로 시간별로 되어지는 것이 아니라 총체적으로
되어지는 동시다발적인 현상이 네 번째 인까지입니다. 그러나 다
섯 번째 인부터는 양상이 달라집니다. 땅에 대한 심판이라기보다
영적인 고난과 핍박이 시작됩니다. 9절 보겠습니다.

"다섯째 인을 떼실 때에 내가 보니 하나님의 말씀과 저희의 가진 증
거를 인하여 죽임을 당한 영혼들이 제단 아래 있어"

하나님의 말씀과 저희의 가진 증거를 인하여 죽임을 당한 영혼
들은 순교자들입니다. 복음을 전하다가 순교한 순교자들입니다.
오늘날의 순교자들은 얼마나 될까요? 일 년에 수만 명에 달합니다.
보통 매 년 평균적으로 이만 명에서 삼만 명입니다. 북한, 중국, 아
랍, 라틴아메리카, 아프리카 등 지구 곳곳에 예수님을 증거하다가
순교하는 영혼들이 많이 있습니다. 10절 보겠습니다.

"큰 소리로 불러 가로되 거룩하고 참되신 대 주재여 땅에 거하는 자
들을 심판하여 우리 피를 신원하여 주지 아니하시기를 어느 때까지
하시려나이까 하니"

순교자들이 기도합니다. 안타까운 마음으로 큰소리로 애통하는
마음으로 기도합니다. 땅에 거하는 자들을 빨리 심판해 주십시오.
우리 기도를 언제까지 들어 주지 않으시렵니까?
순교자의 기도는 심판을 더 가속화 시키고 촉진시킵니다. 하나
님께서는 이 안타까운 영혼들의 기도를 들어 주십니다. 하나님의
답변은 11절에 나옵니다.

"각각 저희에게 흰 두루마기를 주시며 가라사대 아직 잠시 동안 쉬되 저희 동무 종들과 형제들도 자기처럼 죽임을 받아 그 수가 차기까지 하라 하시더라"

하나님이 답변하시기 전에 흰 두루마기를 주시는 것은 하나님이 인정하시는 것이지요. 그래 네가 수고했다고 하시며 위로해 주십니다. 그리고 잠시 동안 쉬게 하십니다. 언제까지요? 저희 동무 종들과 형제들도 자기처럼 죽임을 받아 그 수가 차기까지입니다. 그 수는 몇 명을 의미하는 것이 아니라 하나님의 때가 차기까지를 말하는 것입니다.

하나님은 지금 심판을 지연시키고 있는 것입니다. 우리가 요한일, 이, 삼서를 보았듯이 더 많은 사람이 구원받도록 하기 위해서입니다. 그래서 마태복음 24장 14절에 복음이 천하만국에 전파되어야 그때서야 종말이 오리라고 말씀하셨습니다. 아직은 아닙니다.

지금은 북한까지 복음이 들어가 있지만 아직 전세계 구석구석까지는 들어가지 못했습니다. 중국 소수민족에도 복음이 들어가 있지만 아직은 아닙니다. 그러나 우리는 예수님의 초림과 재림사이에 살고 있지만 재림 쪽에 가까이 살고 있다고 했습니다.

그러면 우리는 어디쯤 와 있는가? 이것은 많은 사람들의 관심사입니다. 네 번째 인을 뗄 때는 이미 지났습니다. 다섯 째 인을 뗄 때와 여섯 째 인을 뗄 때 사이에 있습니다. 그러나 분명한 것은 우리 시대는 여섯 째 인을 뗄 때에 아주 가까이 와 있다는 것은 알 수 있습니다. 12절 보겠습니다.

"내가 보니 여섯째 인을 떼실 때에 큰 지진이 나며 해가 총담같이 검어지고 온 달이 피같이 되며"

여섯 째 인을 뗄 때는 큰 지진이 나며 해가 총담같이 검어지고 온 달이 피같이 되고 13절 보겠습니다.

"하늘의 별들이 무화과나무가 대풍에 흔들려 선 과실이 떨어지는 것 같이 땅에 떨어지며"

하늘의 별들이 대풍에 흔들려 과실이 떨어지는 것 같이 땅에 떨어지며 14절 보겠습니다.

"하늘은 종이 축이 말리는 것같이 떠나가고 각 산과 섬이 제 자리에 서 옮기우매"

하늘은 종이 축이 말리고 15절 보겠습니다.

"땅의 임금들과 왕족들과 장군들과 부자들과 강한 자들과 각 종과 자주자가 굴과 산 바위 틈에 숨어"

땅의 모든 자들이 다 두려워 떱니다. 7장부터는 두 가지 현상이 나타납니다. 하나는, 우주 대변동을 인해서 많은 사람들이 두려워 떨며 하나님 앞에 나와 대부흥의 역사가 일어납니다. 재림전에 일어나는 대부흥의 역사입니다. 또 한 부류의 사람들은 끝까지 회개하지 않습니다. 오히려 끝까지 대적하는 적그리스도와 같은 모습입니다. 동시에 사단들이 발악을 하고 있는 장면들이 나오고 있는 것입니다. 16절 보겠습니다.

"산과 바위에게 이르되 우리 위에 떨어져 보좌에 앉으신 이의 낯에서와 어린 양의 진노에서 우리를 가리우라"

계속해서 17절 보겠습니다.

"그들의 진노의 큰 날이 이르렀으니 누가 능히 서리요 하더라"

진노의 큰 날에는 모두가 심판대 앞에 설 수밖에 없음을 가르쳐 줍니다. 9·11 테러사건은 세계사의 분수령이었습니다. 기독교와 모슬렘이 극도의 대립을 보여주는 사건입니다. 코란경에 보면 기독교인을 죽이라고 하는 표현이 300번 이상 나옵니다. 그러니 급

진적 모슬렘 주의자들이 기독교에 대해서 반감을 가지고 어떻게 하면 파괴할까하는 것은 당연합니다.

예수 믿는 사람들이 윤리적으로 도덕적으로 정서적으로 바로 서 있지 않기 때문에 믿지 않는 사람들 앞에서 핍박과 공격을 받는다 라고 말하는 것이 맞긴 하지만 그것이 전부가 아닙니다. 사단은 그 소리 속에서 성도들을 미혹합니다. 그러나 이것보다 더 중요한 것은 우리가 요한계시록을 볼 때 마지막 때는 예수를 믿는 것 자체가 핍박이고, 예수 믿는 것 때문에 고난과 환란을 당하는 것입니다. 예수 믿는 사람들이 마지막 때는 신앙생활이 무디어집니다. 신앙생활을 잘하지 않고 점점 세속주의가 되어갑니다. 세속적인 것에만 관심이 있습니다.

요한계시록은 그것을 경고하는 것입니다. 성도들은 점점 모이기를 싫어하고, 예배시간도 짧아지고, 주일 저녁예배도, 새벽기도도 안하고 점점 더 영적 생활에 소홀하게 됩니다. 그것이 마지막에 나타나는 종교적, 영적인 현상입니다. 그러나 더 잘 믿는 사람들도 있고, 끝까지 믿음을 지키는 사람들도 있습니다.

우리는 세상 사람들과 편승해서 똑같은 말을 하면 안됩니다. 마지막 때는 믿는 자체가 죽임을 당하고 믿는 사람들이 다 고갈 당하고 잡혀 죽고 핍박과 환란의 시대가 도래한다는 것을 우리에게 보여주고 있습니다. 그 영적세계, 영적 사단의 실체를 우리가 알아야 합니다. 이제 더 빠른 속도로 진행되고 있습니다. 여섯 번째 인을 뗄 때 우주 대변동이 일어나는 것은 종말의 시작입니다. 이런 일들이 일어날 때 예수님께서는 두려워 말라고 하십니다. 지금은 우리가 잠잘 때가 아니라 영적으로 더 깨어있어야 한다는 사실을 기억하며 승리하는 삶을 사시기를 축원합니다.

위대한
승리자들

성경본문
계시록 7장 1절~17절

9

위대한 승리자들

성경본문
계시록 7장 1절~17절

8장 1절을 보면 일곱째 인을 떼실 때입니다. 7장은 여섯 번째 인과 일곱 번째 인 사이에 있습니다. 왜 이 사이에 기록했을까요? 우리는 초림과 재림사이에서 재림에 가깝고, 다섯 번째 인을 뗄 때와 여섯 번째 인 사이에 우리가 있다고 했습니다.

1세기도 마찬가지고 21세기도 마찬가지로 우리는 초림과 재림사이에 서 있습니다. 이 땅에 살고 있는 모든 성도들은 고난 받는 자들입니다. 사단과 영적전쟁을 치루는 자리이고요. 1세기에 고난 받는 성도들이나 21세기에 고난 받는 성도들의 고난의 양상과 크기는 다르지만 모두가 고난을 받고 있습니다. 마지막 일곱 번째 인을

떼기 전에 7장의 이 사건이 기록된 것은 이 땅에서 힘들게 외롭게
영적전투를 치루는 성도들을 위로하기 위해서 썼습니다. 그리고
우리는 신학적으로 중간계시라는 표현을 씁니다.

1절~8절까지는 땅의 모습에 대한 비전이고, 9절~17절까지는
하늘의 모습에 대한 비전인데, 대조적으로 보여주고 있습니다. 1절
부터 보겠습니다.

"이 일 후에 내가 네 천사가 땅 네 모퉁이에 선 것을 보니 땅의 사방
의 바람을 붙잡아 바람으로 하여금 땅에나 바다에나 각종 나무에 불
지 못하게 하더라"

"이 일 후에"는 "여섯 번째 인이 떨어진 후에"입니다. "네 천사가
땅 네 모퉁이에" 4라는 숫자가 나옵니다. 4라는 숫자는 땅의 숫자
라고 했습니다. "네 천사"는 땅을 심판하는 네 명의 천사입니다. 땅
이라는 말이 강조되고 있고, 역시 "네 모퉁이"는 사방을 가리킵니
다. 땅의 사방을 심판하는 대리자로서의 한 천사를 보니까 바람을
붙잡고 있습니다. 왜 바람을 붙잡고 있습니까? 그것은 심판을 지연
시키고 있는 것입니다. 2절 보겠습니다.

"또 보매 다른 천사가 살아 계신 하나님의 인을 가지고 해 돋는 데로
부터 올라와서 땅과 바다를 해롭게 할 권세를 얻은 네 천사를 향하

여 큰 소리로 외쳐"

또 보매 하나님의 대리자인 다른 천사가 하나님의 인(印)을 가지고 해 돋는 데로부터 올라와서 땅과 바다를 해롭게 할 권세를 얻은 네 천사를 향하여 큰소리로 외칩니다. 3절 보겠습니다.

"가로되 우리가 우리 하나님의 종들의 이마에 인치기까지 땅이나 바다나 나무나 해하지 말라 하더라"

우리 하나님의 종들의 이마에 인칠 때까지 땅과 바다나 나무를 해하지 말라고 합니다. 심판을 지연하라고 합니다. 4절 보겠습니다.

"내가 인 맞은 자의 수를 들으니 이스라엘 자손의 각 지파 중에서 인 맞은 자들이 십사만 사천이니"

그래서 이 천사가 인을 치는데 인 맞은 자의 수가 이스라엘 각 지파 중에서 144,000이라는 숫자가 나오고 있습니다. 요한계시록의 중심에 서 있는 144,000을 잘못 해석하면 계시록 전체를 잘못 해석하게 됩니다.

7이라는 완전수를 사용할 때는 대부분 영적인 숫자를 쓸 때 사용했습니다. 예를 들어 여리고성 7일 동안 돌고 마지막 날 일곱 바퀴도는 것, 일곱 교회, 일곱 대접 등 모두 영적인 숫자입니다.

12라는 완전수를 사용할 때는 육적인 숫자입니다. 눈에 보이는 숫자를 쓸 때, 예를 들어 12지파, 12제자입니다. 다음에 천국의 거룩한 성의 치수도 144스타디온입니다. 144는 12×12입니다. 다 상징적인 것입니다.

그러면 144,000을 어떻게 해석해야 할까요? 문자적으로 해석하면 안됩니다. 계시록의 모든 수는 상징적인 숫자이기 때문에 문자적으로 해석하면 안된다고 했습니다.

모든 이단들의 특징은 144,000을 문자적으로 해석합니다. 물론 문자적으로 해석한다고 다 이단은 아니지만 모든 이단은 다 문자적으로 해석합니다. 모든 이단은 요한계시록을 잘못 해석하는 데서 나옵니다. 모든 이단들의 특징은 자기들이 믿는 144,000안에 들어와야 구원을 얻는다고 주장합니다. 5절 보겠습니다.

> "유다 지파 중에 인 맞은 자가 일만 이천이요 르우벤 지파 중에 일만 이천이요 갓 지파 중에 일만 이천이요"

유다 지파 중에 인 맞은 자가 일만 이천이요. 각 지파의 인 맞은 자의 수가 다 똑같습니다. 이것을 문자적으로 해석하면 안되는 이유가 민수기 1장 1절부터 군데의 숫자를 뽑을 때 각 지파대로 배열을 하고 있습니다. 각 지파의 숫자가 다 다른데, 예를 들어 3만 명을 가진 지파와 5만 명을 가진 지파와 6만 명을 가진 지파가 있습니다. 그런데 그중에서 12,000명을 똑같이 뽑았다고 하는 것은 상징적인 완전수의 개념에서 이해해야 합니다.

그래서 똑같이 각 지파에서 12,000명을 뽑았다는 것은 문자적인 각 지파가 아닙니다. 144,000을 문자적으로 해석한다면 민수기 1장에서도 12,000명 씩 12지파의 144,000명도 문자적으로 해석해야 합니다. 그렇다면 이방인 중에서는 구원 얻을 사람이 한 사람도 없다는 자가당착(自家撞着)에 빠지게 됩니다. 144,000은 상징적인 숫자입니다. 지파를 보면 단지파가 빠져있습니다.

6절 보겠습니다.

"아셀 지파 중에 일만 이천이요 납달리 지파 중에 일만 이천이요 므낫세 지파 중에 일만 이천이요"

므낫세지파가 들어가 있습니다. 물론 레위지파 때문에 에브라임지파가 빠져 있습니다. 8절 보겠습니다.

"스불론 지파 중에 일만 이천이요 요셉 지파 중에 일만 이천이요 베냐민 지파 중에 인 맞은 자가 일만 이천이라"

에브라임지파가 빠지고 요셉지파가 들어가 있습니다. 요셉의 두

아들 중에 므낫세는 쓰고 에브라임은 쓰지 않고 있습니다. 그래서 이것은 완전히 구원받은 상징적인 숫자입니다. 9절 보겠습니다.

> "이 일 후에 내가 보니 각 나라와 족속과 백성과 방언에서 아무라도 능히 셀 수 없는 큰 무리가 흰 옷을 입고 손에 종려가지를 들고 보좌 앞과 어린 양 앞에 서서"

9절에 나오는 "이 일 후에"와 1절에 나오는 "이 일 후에"는 같은 병렬구조로, 대조법으로 나오고 있습니다. 9절에 내가 보니 각 나라와 족속과 백성과 방언에서 아무라도 능히 셀 수 없는 큰 무리는 누구입니까? 이 큰 무리는 흰 옷을 다 입고 있습니다. "흰 옷을 입은 것"은 다 "승리자들"이라는 뜻입니다. 고대 올림픽에서 승리한 자에게 월계수를 씌워 주었듯이 승리한 자들이 종려나무 가지를 들고 보좌 앞과 어린양 앞에 서서 큰소리로 외칩니다. 계속해서 10절 보겠습니다.

> "큰 소리로 외쳐 가로되 구원하심이 보좌에 앉으신 우리 하나님과 어린 양에게 있도다 하니"

구원 받은 자들이 큰 소리로 "구원하심이 보좌에 앉으신 우리 하나님과 어린양께 있도다"하면서 찬양합니다. 11절 보겠습니다.

"모든 천사가 보좌와 장로들과 네 생물의 주위에 섰다가 보좌 앞에
엎드려 얼굴을 대고 하나님께 경배하여"

경배하고 12절에 다시 찬양하고 있습니다. 그리고 13절 보겠습
니다.

"장로 중에 하나가 응답하여 내게 이르되 이 흰 옷 입은 자들이 누구
며 또 어디서 왔느뇨"

장로 중에 하나가 묻습니다. 이 흰 옷 입은 자들이 누구며, 어디
서 왔느냐고 묻습니다. 여러분은 어떻게 대답하시겠습니까? 이 사
람들은 여러분들입니다. 14절 보겠습니다.

"내가 가로되 내 주여 당신이 알리이다 하니 그가 나더러 이르되 이
는 큰 환난에서 나오는 자들인데 어린 양의 피에 그 옷을 씻어 희게
하였느니라"

주여 당신만이 아십니다. 그가 나더러 이르되 큰 환난에서 나오
는 자들인데 어린양의 피에 그 옷을 씻어 회개 한 자들입니다. 우
리입니다.

계시록 7장은 중요합니다. 지상의 모습과 천상의 모습을 대조적으로 보여주고 있습니다. 지상에 인 맞은 숫자 144,000은 완전수입니다. 셀 수 없는 큰 무리입니다. 이 사람들은 이 땅에서 영적전투에 임하는 자들입니다. 환난과 고난과 질병 속에서 승리한 오늘 하나님의 택함 받은 백성들, 구원받은 백성들, 언약 백성들입니다. 이 사람들이 저 하늘에 있는 저 사람들입니다. 하늘과 땅을 상징적으로, 내조적으로 보여수고 있습니다.

에베소서 2장 5절 ~ 6절에 보면 예수님께서 부활하실 때 혼자 부활하신 것이 아니라 우리와 함께 부활하셨다고 했습니다. 우리는 부활하지 않았는데, 왜 우리와 함께 라는 표현을 썼을까요? 우리는 그 시대에 이천 년 전에 없었는데 말입니다. 예수님께서 부활하신 것은 과거에 구원받은, 현재에 구원받는, 장차 구원받을 미래의 모든 성도들과 함께 부활하셨습니다.

에베소서 2장 6절에 보면, "우리를 하늘에 앉히사"라고 하는데, 우리는 이미 하늘에 있는 자입니다. 우리의 위치가 하늘에 있다고 했습니다. 우리는 이미 구원받은 존재이고, 우리는 이미 천상에 있는 존재입니다. 지금 이 땅에서 영적전투를 치루고 있지만 우리의 신분은 하늘에 있는 자라고 말씀하고 있습니다.

오늘 이 말씀은 그 말씀입니다. 우리가 꿈에서라도 천국에 갔다 온다면 얼마나 힘이 나는 말씀입니까? 그런데 꿈에 천국에 있는 정도가 아니라 고난 받고 핍박받는 성도들에게 "너희는 장차 저렇게 될 자들이라"고 보여주고 있는 것입니다.

너희는 "하늘에 있는 자들이다"라는 것입니다. 우리는 이미 하늘에 있는 자입니다. 뿐만 아니라 우리는 이미 구원받은 자입니다. 그리고 우리는 천상에 있는 존재들입니다. 그렇다면 우리는 이 땅에서 어떻게 살아야 할까요? 그것을 보여주는 것이 7장의 주제입니다. 요한계시록 14장은 7장의 해석입니다. 14장은 예수님의 재림장입니다. 14장에서 다시 인 맞은 자의 숫자 144,000이 나옵니다. 144,000은 예수님의 재림 때 인 맞은 자입니다. 지금은 일곱 번째 인 떼시기 전에, 예수님의 재림 전에 보여 주신 것입니다. 예수님 재림하실 때 14장과 7장은 대조적으로 보여줍니다.

14장에는 다시 인 맞은 자는 구원받은 자라는 것을 선포합니다. 그러면서 14장에는 짐승의 표, 짐승의 인 맞은 자도 나옵니다. 13장 마지막 절부터 14장까지에서 짐승의 표, 짐승의 인 맞은 자가 바로 666입니다. 그러면 적그리스도의 인 맞은 자가 666명입니까? 이것도 상징적인 숫자입니다.

그래서 요한계시록 14장에는 짐승의 인(印)을 받은 자와 하나님의 인(印) 맞은 자 144,000을 대조적으로 보여줍니다. 144,000은 천상에 있는 자들이지만, 666은 지옥 불에 환란과 고통 속에서 떨어질 자들이라고 묘사를 하시면서 대조법으로 보여주고 있는 것이 14장과 7장에 대한 해석입니다. 우리에게 제일 중요한 것은 우리의 현 위치가 어디냐는 것입니다. 이 땅에서 1세기 성도나 우리가 영적전투 속에서 환란을 겪고 있지만 7장 17절에 어린양이 저희의 (우리의) 목자가 되사 저희(우리의) 눈에서 모든 눈물을 씻어 주신다고 말씀하십니다.

얼마나 위로가 되는 말씀입니까? 144,000은 이 땅에서 고통당하며 외로운 영적전투를 치루는 성도들인 너희는 지금 천상에 있다는 것을 대조적으로 대비하면서 보여주며 위로를 주시고 이제 마지막 일곱 째 인을 떼기 직전의 모습으로 넘어가고 있습니다. 우리는 천국을 본 자가 아니라 이미 천국에 있는 자이며, 구원을 얻을 자가 아니라 이미 하나님 나라에 들어간 자이며, 영생을 이미 받은 자라는 사실을 기억하며 믿음위에 굳게 서서 날마다 승리하시는 저와 여러분이 되시기를 예수님의 이름으로 축원합니다.

두려워말라

성경본문
계시록 8장 1절 ~ 9장 21절

10

두려워말라

성경본문
계시록 8장 1절 ~ 9장 21절

1절에 보면, "일곱 번째 인을 뗄 때 하늘이 반시 동안 고요하다"고 했는데, 이것은 마지막 일곱 번째 인을 뗄 때 나타나는 현상입니다. 7은 완전수라고 했습니다. 여리고 성을 돌 때 7일은 완전수이고, 마지막 날 일곱 바퀴를 돌때 성이 무너지는 것은 완전한 종결을 의미합니다. 나아만이 요단강에 일곱 번째 들어갔다 나올 때 문둥병이 치료되는 것은 종결의 의미입니다. 오늘 마지막 일곱 번째 인을 뗄 때의 모습을 보겠습니다. 1절 보겠습니다.

"일곱째 인을 떼실 때에 하늘이 반시 동안쯤 고요하더 니"

"하늘에 반시 동안 고요하다"는 말씀은 마치 폭풍전야같이 거대한 심판이 오기 바로 전의 전조현상(前兆現象)입니다. 잠시 동안의 침묵의 시간입니다. 전장에 보면 계속해서 하늘에서 찬송소리가 들렸습니다. 땅에서는 계속해서 성도들의 기도소리가 들렸습니다. 지금은 찬송소리도 기도소리도 잠시 멈추고 고요한 상태입니다. "반시"라는 말은 잠시 동안이란 말입니다. 그 시간이 얼마인지는 모르지만 짧은 시간이란 말입니다. 침묵이 있은 직후에 무슨 비전을 보여주십니까?

"내가 보매 하나님 앞에 시위한 일곱 천사가 있어 일곱 나팔을 받았더라"

일곱 천사가 일곱 나팔을 받았습니다. 마지막 일곱 번째 인을 뗄 때에 첫 번째 나팔부터 시작됩니다. 그리고 마지막 나팔이 불려 질 때 첫 번째 대접부터 쏟아집니다. 이 긴 과정이 처음부터 끝까지의 환란과 재앙의 과정입니다. 일곱 번째 인, 그리고 계속되는 일곱 번째 나팔이 불려 질 때 일곱 대접까지가 처음부터 끝까지 재앙이 쏟아지는 모습을 보여주고 있습니다. 3절 보겠습니다.

"또 다른 천사가 와서 제단 곁에 서서 금향로를 가지고 많은 향을 받

았으니 이는 모든 성도의 기도들과 합하여 보좌 앞 금단에 드리고자
함이라"

"금향로"가 의미하는 것은 무엇일까요? "금향로"는 모든 성도들
의 기도입니다. 우리 기도의 모든 것은 다 담아서 하나님께 가지고
갑니다. 하나라도 떨어지지 않습니다. 4~5절 보겠습니다.

"향연이 성도의 기도와 함께 천사의 손으로부터 하나님 앞으로 올라
가는지라 천사가 향로를 가지고 단 위의 불을 담아다가 땅에 쏟으매
뇌성과 음성과 번개와 지진이 나더라"

성도의 기도를 담아 이 향연이 성도의 기도와 함께 천사의 손에
서 하나님 앞으로 올라갑니다. 그리고 천사가 향로를 가지고 단 위
의 불을 담아다가 땅에 쏟으매 뇌성과 음성과 번개와 지진이 일어
납니다. 여기에서 "뇌성, 음성, 번개, 지진"은 하나님의 진노의 표
현입니다. 하나님께서 성도들의 기도를 들으심으로 심판이 재촉되
고 더 강하게 펼쳐지는 하나님의 진노를 표현하고 있는 것입니다.
이제 드디어 나팔이 불려 집니다.

구약시대 때 보통 나팔이 불려 질 때는 전쟁의 소리이고, 승리의
소리입니다. 그런 표현으로 이해하면 좋겠습니다. 승리의 나팔, 전
쟁의 나팔이 불러집니다. 7절 보겠습니다.

"첫째 천사가 나팔을 부니 피 섞인 우박과 불이 나서 땅에 쏟아지매
땅의 삼분의 일이 타서 사위고 수목의 삼분의 일도 타서 사위고 각
종 푸른 풀도 타서 사위더라"

첫 번째 나팔이 불려 질 때 무엇이 떨어집니까? 피 섞인 우박과
불이 나서 땅에 쏟아집니다.

애굽의 열 가지 재앙과 비교해 보겠습니다. 왜냐하면 애굽의 열
가지 재앙은 최초의 심판이기 때문입니다. 물론 그 이전에 나오는
노아의 홍수도 있습니다만, 애굽의 열 가지 재앙은 요한계시록의
마지막 재앙의 그림자입니다.

애굽에 우박재앙이 있었습니다. 우박재앙은 일곱 번째 재앙입니
다. 비교해 보면, 본문에도 우박재앙이 떨어지는데 조금 다릅니다.
본문의 우박재앙은 피가 섞인 우박입니다. 그리고 또 하나는 '불'
입니다. 애굽의 우박재앙과의 차이가 나는데, 그것은 '불' 입니다.
그래서 계시록에서는 항상 심판에 불이 따라 붙습니다. 마지막 때
는 불로 심판합니다. 그러나 본문 7절에 보면 하나님께서는 다 심
판하는 것이 아니라 1/3만 심판합니다. 왜 1/3만 심판하는 것일까
요? 아직 끝이 아니기 때문입니다.

또 다른 이유는 회개할 기회를 계속주고 있는 것입니다. 또한 심
판에도 하나님의 긍휼이 있기 때문입니다. 그래서 1/3입니다. 그리

고 마지막은 아직 다가오지 않았다는 것도 보여줍니다. 계속 처음부터 끝까지 1/3입니다. 8절 보겠습니다.

> "둘째 천사가 나팔을 부니 불붙는 큰 산과 같은 것이 바다에 던지우매 바다의 삼분의 일이 피가 되고"

둘째 천사가 나팔을 불 때 불붙는 큰 산과 같은 것이 바다에 던지우매 바다의 1/3이 피가 됩니다. 여기에서 "불붙는 큰 산"은 무엇일까요? 핵폭탄 같은 것으로 이해할 수 있겠지요.

칼빈은 성경 전체를 주석했지만, 그리고 칼빈의 주석은 지금도 권위 있는 주석으로 연구하는 사람들에게 많은 도움을 주시만, 요한계시록은 3장까지 밖에 주석하지 못했습니다. 칼빈은 말하기를, 우리 시대에서는 도저히 4장부터는 해석할 수 없다고 했습니다. 그러나 예수님의 재림이 가까운 우리 시대에는 이 현상들을 조금씩 조금씩 이해해 나갈 수 있습니다. 9절 보겠습니다.

> "바다 가운데 생명 가진 피조물들의 삼분의 일이 죽고 배들의 삼분의 일이 깨어지더라"

배들의 삼분의 일이 깨어집니다. 계속해서 10절 보겠습니다.

"셋째 천사가 나팔을 부니 횃불같이 타는 큰 별이 하늘에서 떨어져
강들의 삼분의 일과 여러 물샘에 떨어지니"

세 번째 천사가 나팔 불 때 횃불같이 타는 큰 별이 하늘에서 떨어
집니다. 역시 핵폭탄의 일종인 것으로 우리가 이해할 수 있습니다.
세 번째 천사가 나팔 불 때 횃불같이 타는 큰 별이 하늘에서 떨어
져 강들의 1/3괴 여러 물샘에 떨어지니 이 별 이름은 쑥이라 물들
의 1/3이 쑥이 되매 그 물들이 쓰게 됨을 인하여 많은 사람이 죽습
니다. 12절 보겠습니다.

"넷째 천사가 나팔을 부니 해 삼분의 일과 달 삼분의 일과 별들
의 삼분의 일이 침을 받아 그 삼분의 일이 어두워지니 낮 삼분의
일은 비췸이 없고 밤도 그러하더라"

넷째 천사가 나팔을 부니 해 삼분의 일과 달 삼분의 일과 별들의
삼분의 일이 침을 받아 그 삼분의 일이 어두워지니 낮 삼분의 일은
비췸이 없고 밤도 그러합니다.
심판은 점점 국지적에서 우주적으로 펼쳐져 나가는 것을 볼 수
있습니다. 마치 애굽의 아홉 번째 재앙과 같습니다. 네 번째 인을
뗄 때, 4는 인간의 숫자입니다. 네 번째 인까지는 말 탄자가 등장
합니다. 그래서 같이 묶었습니다. 여기도 마찬가지입니다. 네 번째

나팔까지는 땅에 대한 심판입니다. 4는 땅의 숫자입니다. 12절까지는 네 번째 나팔까지 떨어집니다. 그래서 하나로 묶었습니다. 13절 보겠습니다.

> "내가 또 보고 들으니 공중에 날아가는 독수리가 큰 소리로 이르되 땅에 거하는 자들에게 화, 화, 화가 있으리로다 이 외에도 세 천사의 불 나팔 소리를 인함이로다 하더라"

큰소리가 납니다. 그 소리는 화(禍), 화(禍), 화(禍)입니다. 역시 3번 하나님의 숫자입니다. "불 나팔"은 앞으로 불어질 "나팔"을 "불 나팔"이라고 합니다. 다섯 번째, 여섯 번째, 일곱 번째 불어질 나팔을 의미합니다.

숫자 7 완전수 중에 세 번 남았습니다. 지금까지는 일반적인 심판이고 재앙이지만, 9장부터는 사단의 공격이 계시됩니다. 그래서 또 다른 양상의 불 심판이 전개됩니다. 9장 1절 보겠습니다.

> "다섯째 천사가 나팔을 불매 내가 보니 하늘에서 땅에 떨어진 별 하나가 있는데 저가 무저갱의 열쇠를 받았더라"

다섯 번째 천사가 나팔을 부니 하늘에서 땅에 떨어진 별 하나가 무저갱의 열쇠를 받았습니다. 8장 10절~11절의 별과는 다릅니다.

8장의 별은 무생물체이지만, 9장 1절에 나오는 것은 인격체입니다. 왜냐하면 땅에 떨어진 별 하나가 있는데 저가 무저갱의 열쇠를 받았더라고 했습니다. 열쇠를 받은 별이 의미하는 것은 무엇일까요? 사단을 의미합니다. 2절 보겠습니다.

> "저가 무저갱을 여니 그 구멍에서 큰 풀무의 연기 같은 연기가 올라
> 오매 해와 공기가 그 구멍의 연기로 인하여 어두워지며"

"무저갱"은 악한 영들을 가두어 두는 곳입니다. 사단이 악한 영들을 가두어 두는 곳에 열쇠를 가지고 여니 악한 영들이 뛰쳐나옵니다. 이것을 묘사한 것입니다. 3절 보겠습니다.

> "또 황충이 연기 가운데로부터 땅 위에 나오매 저희가 땅에 있는 전
> 갈의 권세와 같은 권세를 받았더라"

메뚜기 같은 황충이 땅에 있는 전갈의 권세와 같은 권세를 받았습니다. 이것은 하나님이 허락하신 것입니다. 4절 보겠습니다.

> "저희에게 이르시되 땅의 풀이나 푸른 것이나 각종 수목은 해하지 말
> 고 오직 이마에 하나님의 인 맞지 아니한 사람들만 해하라 하시더라"

아무것도 해하지 말고 오직 하나님의 인 맞지 아니한 사람들만 해하라고 하십니다. 그러니까 인친 사람들은 하나님께서 보호하시고 있다는 말씀입니다. 마치 애굽의 열 번째 재앙과 같습니다. 문설주에 어린양의 피를 바른 집은 해하지 못하였던 것처럼, 하나님의 인 맞은 자는 해하지 말라는 것입니다. 그러므로 우리는 두려워해야 할 필요가 없습니다.

우리는 하나님의 말씀대로 순종하기만 하면 됩니다. 그러나 문설주에 어린양의 피가 없는 집에는 죽음이 임했습니다. 계속해서 5절 보겠습니다.

"그러나 그들을 죽이지는 못하게 하시고 다섯 달 동안 괴롭게만 하게 하시는데 그 괴롭게 함은 전갈이 사람을 쏠 때에 괴롭게 함과 같더라"

그러나 인 맞지 않은 사람들을 죽이지는 못하게 하시고 다섯 달 동안 고통스럽게 하셨다고 말씀합니다. 여기에서 "다섯 달"은 짧은 기간을 말합니다. 그리고 "괴롭게"라는 단어가 세 번 반복됩니다. 6절 보겠습니다.

"그 날에는 사람들이 죽기를 구하여도 얻지 못하고 죽고 싶으나 죽음이 저희를 피하리로다"

너무 괴로워서 죽으려고 하지만 죽을 수가 없습니다. 인 맞지 않은 자들이 죽으려고 하지만 죽을 수 없는 끊임없는 고통이 계속 이어집니다. 9절 보겠습니다.

"또 철흉갑 같은 흉갑이 있고 그 날개들의 소리는 병거와 많은 말들이 전장으로 달려 들어가는 소리 같으며"

황충의 모양은 철흉갑 같은 흉갑이라고 말씀합니다. "철흉갑 같은 흉갑"을 요한은 무엇인지 알지못합니다. 왜냐하면 그 시대에는 보지 못한 것이기 때문입니다. 그러나 우리 시대에는 어렴풋이 짐작할 수 있습니다. "철흉갑 같은 흉갑"은 전투기같은 비행기를 의미합니다. 날개들은 많은 말들이 전장으로 달려 들어가는 소리 같은 굉음을 내는 비행기 같은 물체를 의미합니다. 10절 보겠습니다.

"또 전갈과 같은 꼬리와 쏘는 살이 있어 그 꼬리에는 다섯 달 동안 사람들을 해하는 권세가 있더라"

"전갈과 같은 꼬리와 쏘는 살"은 전투기 꼬리에서 뿜어져 나오는 열기 같은 것을 의미합니다. 요한은 그 시대에 이런 물체들을 본 적이 없어서 이렇게 표현하고 있습니다. 어떤 사람들은 미사일을 표현하기도 한다 합니다. 11절 보겠습니다.

"저희에게 임금이 있으니 무저갱의 사자라 히브리 음으로 이름은 아
바돈이요 헬라 음으로 이름은 아볼루온이더라"

사단의 왕의 이름은 히브리 음으로 아바돈이고, 헬라 음으로는
아볼루온입니다. "아바돈"이나 "아볼루온"은 '파괴자' 라는 같은
뜻입니다.

사단은 건설자가 아닙니다. 사단은 성도들을 파괴하고, 나라와
민족과 열방을 파괴하고, 가정을 파괴하고, 교회를 파괴하는 자입
니다. 12절 보겠습니다.

"첫째 화는 지나갔으나 보라 아직도 이 후에 화 둘이 이르리로다"

죽고 싶으나 죽을 수 없는 고통, 광야에서 이스라엘 백성들이 불
뱀에 물려 죽고 싶으나 죽을 수 없는 그 고통, 그러나 장막에서 나
와서 놋뱀을 쳐다 본 자는 살았습니다. 그러나 많은 사람들은 그렇
지 못했습니다. 13절 보겠습니다.

"여섯째 천사가 나팔을 불매 내가 들으니 하나님 앞 금단 네 뿔에서
한 음성이 나서"

여섯 번째 천사가 나팔을 불려집니다. 14절 보겠습니다.

"나팔 가진 여섯째 천사에게 말하기를 큰 강 유브라데에 결박한 네
천사를 놓아 주라 하매"

나팔 가진 여섯 번째 천사에게 말하기를 큰 강 유브라데에 결박
한 네 천사를 놓아 주라고 말합니다. 여기에서 "결박한 네 천사"는
타락한 천사, 불순종한 네 천사를 말합니다. 그러나 하나님께서는
결박한 천사도 들어서 쓰시는 것을 보게 됩니다.

유브라데는 바벨론이 있던 지역입니다. 유브라데는 고대로부터
앗수르, 바벨론, 페르시아가 지배했던 장소입니다. 늘 하나님의 택
한 백성들을 괴롭혔던 장소입니다. 15절 보겠습니다.

"네 천사가 놓였으니 그들은 그 년, 월, 일, 시에 이르러 사람 삼분의
일을 죽이기로 예비한 자들이더라"

"년 월 일 시"는 반드시 하나님의 심판의 날이 있다는 것을 보여
주고 있습니다. 마태복음 24장에서 예수님은 그 날과 그 시는 아무
도 모른다고 말씀하고 있습니다. 오직 하나님만 아신다고 했습니
다. 16절 보겠습니다.

"마병대의 수는 이만만이니 내가 그들의 수를 들었노라"

마병대의 수는 이만만이라고 했는데, 이 숫자는 상징적인 숫자가 아닙니다. 실제적 숫자입니다. 왜냐하면 내가 그들의 수를 들었다고 했기 때문입니다. 유브라데에 집결한 이만만은 이만×만은 2억이 됩니다. 2억의 군대 숫자입니다. 걸프전이 처음 터졌을 때 많은 사람들은 이 성경구절을 대면서 '지금이 인류의 마지막 전쟁이 아닌가?' 하고 생각했습니다. 그러나 그것은 아니었습니다.

아직 아마겟돈 전쟁은 아닙니다. 그것은 16장에 나옵니다. 아직은 최후의 전쟁이 아니고 그 전쟁의 시작일 뿐입니다. 이만만은 북쪽의 군대입니다. 마지막 전쟁은 중동에서 일어난다는 것을 우리는 짐작할 수 있습니다. 그것이 이란, 이라크, 러시아 혹은 중국이 전쟁에 동원되면 그 숫자는 2억 이상 될 것입니다.

정확한 것은 모르지만 어쨌든 2억의 군대가 유브라데에 집결하는 모습을 보여주고 있습니다. 인류의 마지막 전쟁은 서서히 다가오고 있습니다. 인류의 마지막 종말은 재앙도 있지만 전쟁을 통해서 서서히 다가오고 있습니다. 17~18절 보겠습니다.

"이같이 이상한 가운데 그 말들과 그 탄 자들을 보니 불빛과 자주빛과 유황빛 홍갑이 있고 또 말들의 머리는 사자 머리 같고 그 입에서는 불과 연기와 유황이 나오더라 이 세 재앙 곧 저희 입에서 나오는 불과 연기와 유황을 인하여 사람 삼분의 일이 죽임을 당하니라"

"불과 연기와 유황"은 무엇일까요? 핵폭탄이라고 이야기할 수 있을 것입니다. 불과 연기와 유황 같은 것들이 나와서 사람 1/3이 죽임을 당합니다. 20절 보겠습니다.

"이 재앙에 죽지 않고 남은 사람들은 그 손으로 행하는 일을 회개치 아니하고 오히려 여러 귀신과 또는 보거나 듣거나 다니거나 하지 못하는 금, 은, 동과 목석의 우상에게 절하고"

이 재앙에 죽지 않고 남은 사람들은 그 손으로 행하는 일을 회개치 아니합니다. 하나님의 재앙이 떨어져도 끝까지 회개하지 않는 사람들이 있습니다. 애굽의 열 가지 재앙과 비교해 보십시오.

애굽의 바로와 애굽 사람들은 재앙이 점점 강해지고 마지막 열 번째 재앙까지 떨어졌을 때 그들은 회개한 것이 아니라 마음이 더 강퍅해졌습니다. 이 어마어마한 심판과 재앙을 보면서도 대부분의 사람들은 끝까지 회개하지 않고 더 강퍅해집니다. 이 사람들은 점점 더 우상숭배 하는데 몰려다닙니다. 21절 보겠습니다.

"또 그 살인과 복술과 음행과 도적질을 회개치 아니하더라"

하나님의 인 맞은 자들은 때로는 약하고 넘어지고 범죄 할 수도 있지만 회개하며 하나님 앞에 나와 기도할 것입니다. 그러나 하나님의 인 맞지 않은 자, 곧 짐승의 표(인)를 받은 자는 끝까지 회개치 아니하고 그 마음이 더 강퍅해질 것입니다. 요한계시록은 두 종류의 사람들로 나누어집니다. 하나님의 인 맞은 자와 짐승의 표(인)를 받은 자로 나뉩니다. 우리는 하나님의 인 맞은 자입니다. 이 것을 확인 시켜주기 위해서 요한계시록이 기록된 것입니다. 그러므로 우리는 이 모든 재앙이 있다 할지라도 두려워하지 않아야 합니다. 또 죽고 싶어도 죽을 수 없는 고통과 아픔과 질병이 있다 할지라도 두려워 말라는 것입니다.

이런 때일수록 마태복음의 말씀처럼 더 깨어서 기도하는 삶을 사시기를 축원합니다.

예언 사명

성경본문
계시록 10장 1절 ~ 11절

11 예언사명

성경본문
계시록 10장: 1절 ~ 11절

요한계시록에서 제일 해석하기가 난해하다는 본문입니다.

9장의 대재앙에서도 회개하지 않는 사람들에 대한 여섯 번째와 일곱 번째 나팔사이의 두 개의 삽입입니다.

10장 첫 번째 삽입 – 예언의 사명.

11장 두 번째 삽입 – 두 증인의 사명.

이 두 사명은 예수님 재림 직전까지 우리가 해야 할 사명입니다. 하나님은 끝까지 회개하지 않는 사람들을 버리지 않고 하나님의 헷세드(언약적 사랑)와 긍휼로 돌아오게 하기 위해서 두 개의 사명을 마지막 때 우리에게 주신 것입니다. 1절 보겠습니다.

"내가 또 보니 힘센 다른 천사가 구름을 입고 하늘에서 내려오는데 그
머리 위에 무지개가 있고 그 얼굴은 해 같고 그 발은 불기둥 같으며"

한 힘센 천사가 누구인지는 모르지만, 이 능력 있는 천사가 구름을 입고 하늘에서 내려옵니다. 요한계시록은 시각언어로 되어 있습니다. 마치 그림을 보는 것과 같이 생생하게 표현하고 있습니다. 그러나 실제 구름을 타고 오는 것은 아닙니다. 실제 하늘에 나팔소리가 퍼진다는 것이 아니라 나팔소리 같은 소리가 울려 퍼진다는 말씀입니다. 이러한 것들은 상징적인 그림언어입니다. 정말로 천사가 서서 나팔을 부는 것이 아니라 천사가 나팔을 부는 것 같은 소리입니다. 천사의 존재는 하나님의 부리시는 영입니다. 천사는 지, 정, 의를 갖춘 인격적인 존재입니다. 천사의 사명은 성도들을 보호하는 것입니다. 첫 번째 천사의 가장 큰 사명은 하나님의 언약 백성들을 섬기는 일입니다.

또 천사는 성령님의 지시를 받아서 성도들을 위로하는 것이 천사의 직분입니다. 그런데 그 일을 맡은 천사장 루시엘이 그 직분을 망각하고 하나님과 동등 된 위치까지 올라가려고 하는 교만한 마음을 먹었을 때 하나님은 그를 떨어트려서 루시퍼가 되었습니다. 그것이 사단의 시작입니다. 또 그것이 사단의 정체이고 존재입니다.

하나님께서는 왜 우리를 세웠을까요? 그것은 세상 사람들을 섬

기게 하기 위해서입니다. 그 직분을 망각하면 안됩니다. 왜 우리에게 집사, 권사, 장로, 목사의 직분을 주셨을까요? 섬기라고 주신 것입니다. 우리는 이 천사의 직분을 통해서 우리를 돌아보아야 합니다. 큰 직분을 받을수록 더 많이 섬기라고 주신 것입니다.

그러나 그것을 망각하면 우리는 루시퍼같이 되는 것입니다. 우리는 연약하기 때문에 교만의 덫에 걸릴 수 있습니다. 히스기야가 교만의 벽을 못 뛰어 넘고 그 덫에 걸렸지만 그의 영이 살아있었기 때문에 하나님 앞에 회개하여 하나님으로부터 전무후무(前無後無)한 복을 받아 누릴 수 있었습니다.

1절에 천사가 하늘에서 내려오는데 머리 위에는 무지개가 있고 얼굴은 해 같고 발은 불기둥 같았습니다. 2절 보겠습니다.

"그 손에 펴놓인 작은 책을 들고 그 오른발은 바다를 밟고 왼발은 땅을 밟고"

펴놓인 작은 책을 들고 그 오른발은 바다를 밟고 왼발은 땅을 밟고 있습니다. 여기에서 '작은 책'은 무엇입니까? 5장에 나오는 두루마리 책입니다. 봉인된 두루마리 책의 봉인이 다 떼어졌습니다. 그래서 펴놓인 책이라고 했습니다. 왜 '작은 책'이라고 했을까요? 높고 먼 하늘에서 보아서 작은 책이라고 한 것입니다.

오른 발은 바다를 밟고 왼발은 땅을 밟았다고 했는데, 이것은 바다와 땅을 제압하는 하나님의 공의와 권세를 표현하는 것입니다. 거대한 천사가 바다와 땅을 밟고 있는 것은 상징적으로 표현한 것입니다. 3절 보겠습니다.

"사자의 부르짖는 것같이 큰 소리로 외치니 외칠 때에 일곱 우뢰가 그 소리를 발하더라"

사자의 부르짖는 것 같은 큰 소리가 들려질 때에 일곱 우뢰 소리가 발합니다. 여기에서 '일곱 우뢰'가 무엇일까요? 일곱 나팔과 일곱 대접 사이의 일곱 우뢰입니다. 사도 요한이 일곱 우뢰가 어떤 재앙인지 기록하려고 할 때 적지 말라는 음성이 들립니다. 왜 적을 필요가 없다고 하실까요? 7절 보겠습니다.

"일곱째 천사가 소리 내는 날 그 나팔을 불게 될 때에 하나님의 비밀이 그 종 선지자들에게 전하신 복음과 같이 이루리라"

일곱째 천사가 나팔을 불 때 하나님의 비밀이 그때 다 나타난다는 것입니다. 굳이 일곱 우뢰의 내용을 적을 필요가 없다고 하십니다. 그것은 그 재앙을 강조하기 위해서 생략하는 것입니다. 중요한 것은 아니지만 해석하기 어려운 난해구절입니다. 8절 보겠습니다.

"하늘에서 나서 내게 들리던 음성이 또 내게 말하여 가로되 네가 가
서 바다와 땅을 밟고 섰는 천사의 손에 펴놓인 책을 가지라 하기로"

펴놓인 책을 사도요한에게 줍니다. 9절 보겠습니다.

"내가 천사에게 나아가 작은 책을 달라 한즉 천사가 가로되 갖다 먹
어 버리라 네 배에는 쓰나 네 입에는 꿀같이 달리라 하거늘"

사도요한에게 그 작은 책을 먹으라고 합니다. 구약성경 에스겔
서에 보면 선지자에게 사명을 줄 때 너 나가서 외치기 전에 그 책
을 받아먹으라는 장면들이 나옵니다. 실제로 먹는 것일까요? 실제
받아먹는 것이 아니라 받아먹는 것을 상징적으로 표현한 것입니
다. 사도요한이 말씀을 받아먹으니 배에는 쓰나 입에는 꿀같이 달
았습니다.

왜 배에는 쓸까요? 그 말씀을 내 속에 받아들이고 삭혀 그 말씀
대로 살려고 하니까 쓴 것입니다. 또 예언의 말씀은 쓴 말씀입니
다. 정말 받아들이기 어려운 말씀들이니까 쓴 말씀입니다. 그러나
그 말씀이 내 속에 들어오니까 말씀 자체는 꿀같이 단것입니다. 11
절 보겠습니다.

"저가 내게 말하기를 네가 많은 백성과 나라와 방언과 임금에게 다시

예언하여야 하리라 하더라"

사도요한에게 사명을 줍니다. 그 사명은 많은 백성과 나라와 방언과 임금에게 예언하라는 것입니다. 사도요한이 이 예언의 말씀을 증거한 것같이 오늘 우리도 요한계시록의 말씀을 받고 증거 해야 할 사명이 있습니다.

12

두 번째 사명
(증인 사명)

성경본문
계시록 11장 1절 ~ 14절

12 두 번째 사명 (증인 사명)

성경본문
계시록 11장: 1절 ~ 14절

11장 1절 보겠습니다.

"또 내게 지팡이 같은 갈대를 주며 말하기를 일어나서 하나님의 성전
과 제단과 그 안에서 경배하는 자들을 척량하되"

"지팡이 같은 갈대"는 잴 수 있는 자입니다. "하나님의 성전과
제단과 그 안"과 2절 "성전 밖"을 대조적으로 분류하면서 나누고
있습니다. 이 성전은 이스라엘 성전을 상징하는 것입니다. 그래서
성전 안에서 경배하는 자들, 다시 말해서 신실한 믿음을 가진 성도

들입니다.

교회 안에서 신실한 믿음을 가진 성도들을 성전 안에서 경배하는 자들로 묘사합니다. 그들을 척량하라고 이야기합니다. 심판이 아니라 상급을 주기 위해서입니다. 믿음을 달아 보라는 것입니다. 그러나 구약성경에 보면 성전 밖은 이방인의 뜰입니다. 이방인의 뜰은 누구나 들어올 수 있습니다. 장사꾼도 들어올 수 있습니다. 이 사람들은 형식적인 믿음을 가진 사람들입니다. 성전 마당만 밟는, 성전 뜰만 밟는, 교회 뜰만 밟는 형식적이고, 가식적이고, 껍데기의 신앙을 갖은 엉터리 성도들입니다. 2절 보겠습니다.

> "성전 밖 마당은 척량하지 말고 그냥 두라 이것을 이방인에게 주었은
> 즉 저희가 거룩한 성을 마흔두 달 동안 짓밟으리라"

성전 마당만 밟는 성도들은 척량하지 말고 그냥 두어라 이것을 이방인에게 주었은즉 저희가(사단의 무리가, 악한 세력에게) 거룩한 성을 마흔두 달 동안 짓밟으리라고 말씀합니다. 다시 말해서 엉터리 성도는 징계를 받는다는 것입니다.

얼마동안 인가요? 마흔두 달 동안입니다. 년 수로 환산하면 3년 6개월입니다. 7년 대환란 중에 앞의 3년 반 동안의 환란입니다. 7년 대환란에서 7이라는 숫자는 상징적인 숫자입니다. 문자적인 7년을 의미하는 것은 아닙니다. 3년 반도 문자적인 년 수가 아니라

상징적인 년 수입니다. 그 기간 동안 그들이 환란을 받을 것이라는
것입니다. 3절 보겠습니다.

"내가 나의 두 증인에게 권세를 주리니 저희가 굵은 베옷을 입고 일
  천이백육십 일을 예언하리라"

3년 반 환란 받는 동안 하나님은 두 증인을 세웁니다. 선지자 같
은 하나님의 말씀을 전하는 위대한 종을 세웁니다. 두 증인을 보면
굵은 베옷을 입고 있습니다. "굵은 베옷"이 상징하는 것은 구약에
보면 회개입니다. 이 두 증인의 사명은 사람들을 회개케 하는 사명
입니다. 9장 끝부분에서 끝까지 회개치 아니하는 그들을 회개시키
는 사명입니다.

여기에서 "일천이백육십일"은 년 수로 3년 6개월입니다. 두 증
인은 엉터리 성도들에게 3년 6개월 동안 회개하고 돌아오라고 촉
구하고 있는 것입니다. 엉터리 성도들과 불신자들도 포함됩니다.
두 증인의 사명은 예수님이 재림하시기 전까지 계속됩니다. 4절
보겠습니다.

"이는 이 땅의 주 앞에 섰는 두 감람나무와 두 촛대니"

스가랴서를 끌어 들여서 비유합니다. 두 증인에게 두 감람나무

와 두 촛대 같은 사명이 있습니다. 7절 보겠습니다.

> "저희가 그 증거를 마칠 때에 무저갱으로부터 올라오는 짐승이 저희
> 로 더불어 전쟁을 일으켜 저희를 이기고 저희를 죽일 터인즉"

"저희가 그 증거를 마칠 때"는 예수님이 재림하실 때입니다. 두 증인의 사명은 예수님 재림하실 때까지 계속 이어집니다. 이 사명이 우리의 사명이라는 것을 비유를 통해서 말씀하고 있습니다.

악한 영을, 사단을 가두어 두는 무저갱에서부터 짐승이 올라옵니다. 이것은 정말로 짐승이 무저갱에서 올라오는 것이 아니라 상징적인 표현을 쓰고 있는 것입니다. 악한 영이 올라와서 저희로 더불어 영적전쟁이 일어납니다. 그리고 두 증인이 죽습니다. 두 증인이 순교를 당합니다. 마치 사단의 세력이 승리한 것처럼 보입니다. 8절 보겠습니다.

> "저희 시체가 큰 성 길에 있으리니 그 성은 영적으로 하면 소돔이라
> 고도 하고 애굽이라고도 하니 곧 저희 주께서 십자가에 못 박히신
> 곳이니라"

두 증인의 시체가 큰 성 길에 버려진 채로 있습니다. 마치 전쟁에 패배한 자가 모욕을 당하고 수치를 당하는 것처럼 두 시체를 회

손시킵니다.

그 성은 영적으로 소돔과 애굽과 같은 세속도시입니다. 사데교회가 죽은 교회이지만 사데교회 보다 더 나쁜 교회가 라오디게아교회라고 했습니다. 사데교회는 그래도 몇 사람은 깨어 있습니다. 그러나 라오디게아교회는 사람들이 다 세속화되었습니다. 한 사람도 깨어있는 사람이 없었습니다. 모두 다 세속적인 생각만하고 있고 다 엉터리 성도들만 있는 교회였습니다. 이것을 '소돔 같고 애굽 같다' 라고 표현하고 있습니다.

예수님이 십자가에 못 박힐 때 사단이 이겼다고 하는 것과 같이 두 증인의 시체는 비참하게 훼손당하며 모욕과 멸시를 당하고 있는 상황입니다. 9절 보겠습니다.

"백성들과 족속과 방언과 나라 중에서 사람들이 그 시체를 사흘 반
  동안을 목도하며 무덤에 장사하지 못하게 하리로다"

백성들과 족속과 방언과 나라 중에서 사람들이 다 그 시체를 사흘 반 동안 보고 있습니다. 무덤에 장사하지도 못하게 합니다. 두 증인이 이런 핍박을 받고 있습니다. 10절 보겠습니다.

"이 두 선지자가 땅에 거하는 자들을 괴롭게 한 고로 땅에 거하는 자
  들이 저희의 죽음을 즐거워하고 기뻐하여 서로 예물을 보내리라 하

더라 ”

이 두 선지자가 땅에 거하는 자들을 괴롭게 한 고로 땅에 거하는 자들이 저희의 죽음을 즐거워하며 기뻐합니다. 사단의 세력이 천지를 진동합니다. 이 두 증인을 죽였다는 것입니다. 악한 세력이 승리한 것처럼 보입니다. 그러나 이것이 끝까지 갈까요? 11절 보겠습니다.

“삼 일 반 후에 하나님께로부터 생기가 저희 속에 들어가매 저희가
발로 일어서니 구경하는 자들이 크게 두려워하더라 ”

왜 “삼 일 반 후에”라는 표현을 썼을까요? 삼년 반이라는 의미를 맞추기 위해서입니다. “삼 일 반 후에”는 잠시 잠깐이라는 표현입니다. 삼 일 반 후에 하나님께로부터 생기가 저희 속에 들어가매 저희가 발로 일어서니 구경하는 수많은 사람들이 크게 두려워합니다. 마치 사단의 세력이 예수님을 십자가에 못 박고 승리한 것처럼 즐거워하고 기뻐했지만 삼일천하였습니다. 예수님은 죽음의 권세를 깨트리고 부활 승리하셨습니다. 그것을 비유하고 있습니다. 12절 보겠습니다.

“하늘로부터 큰 음성이 있어 이리로 올라오라 함을 저희가 듣고 구름

을 타고 하늘로 올라가니 저희 원수들도 구경하더라"

하늘로부터 음성이 올라오라 하니 저희가 음성을 듣고 구름타고 하늘로 올라가니 원수들이 구경합니다. 계속해서 13절 보겠습니다.

"그 시에 큰 지진이 나서 성 십분의 일이 무너지고 지진에 죽은 사람
  이 칠천이라 그 남은 자들이 두려워하여 영광을 하늘의 하나님께 돌
  리더라"

그 시에 지진이 일어납니다. 마치 예수님이 십자가 지실 때 일어나는 현상과 비슷합니다. 그 남은 자들이 두려워하여 영광을 하나님께 돌립니다. 남은 자 중에 끝까지 회개하지 않는 사람들도 있었지만, 그러나 남은 자들 중에서도 회개하고 돌아와 하나님께 영광을 돌리는 이들도 있습니다.

그러므로 두 증인은 사명을 감당했습니다. 두 증인이 순교하고 비참하게 죽었지만 그들을 통해서 남은 자들 중에 돌아온 이들이 있습니다. 하나님께서는 마지막 때에 교회와 성도들을 보호하십니다. 그러나 고난은 있습니다. 핍박은 있습니다. 두 개의 사명인 요한의 사명같이 오늘 우리에게도 일곱 번째 나팔이 울리기 전에 우리의 사명을 일러주고 있습니다.

요한의 사명같이 너희도 말씀을 먹고 요한계시록을 증거 해야

한다는 것입니다. 이제 우리는 이 두 개의 사명을 붙들고 수많은 영혼들이 예수님 앞에 돌아오는 그날까지 핍박과 고난도 있겠지만 강하고 담대함으로 증거하는 삶을 사시기를 예수님의 이름으로 축원합니다.

마지막 나팔

성경본문
계시록 11장 15절 ~ 12장 17절

13 마지막 나팔

성경본문
계시록 11장 15절 ~ 12장 17절

15절은 일곱 번째 천사의 나팔 소리입니다. 7은 완전수라는 개념으로 우리가 알고 있습니다. 7의 마지막 일곱이라는 숫자는 무엇을 의미합니까? 끝을 의미합니다. 일곱 번째 천사의 나팔은 재림의 나팔입니다.

이제 일곱 번째 천사의 나팔소리로 시작하여 서서히 재림의 징조가 보이기 시작합니다. 여섯 번째 나팔까지는 어마어마한 재앙들이 펼쳐졌고, 마지막 일곱 번째 나팔은 전무후무(前無後無)한 재앙들이 펼쳐질 것이라고 생각 했었는데 엉뚱하게 15절은 이렇게 시작됩니다.

"일곱째 천사가 나팔을 불매 하늘에 큰 음성들이 나서 가로되 세상 나라가 우리 주와 그 그리스도의 나라가 되어 그가 세세토록 왕 노릇 하시리로다 하니"

일곱 번째 천사가 나팔을 불 때 하늘에 큰 음성들이 나서 가로되 세상 나라가 우리 주와 그 그리스도의 나라가 되었습니다. 결국 그리스도가 승리했다는 것을 보여 주고 있습니다. 마지막 전쟁에서 그리스도가 승리하여 세세토록 왕 노릇하신다는 말씀입니다.

예수 그리스도가 통치하는 하나님의 나라의 완성입니다. 첫 번째 하나님의 나라가 에덴동산이었다면, 두 번째 시작하는 하나님의 나라는 믿음의 조상인 아브라함으로부터 시작하여 그의 자손입니다. 세 번째 시작하는 하나님의 나라는 예수 그리스도의 초림입니다. 마지막 네 번째 시작하는 하나님의 나라는 예수 그리스도가 재림하여 통치하는 하나님의 나라의 완성입니다.

지금 네 번째 하나님의 나라를 우리에게 소개하고 있는 것입니다. 16절 보겠습니다.

"하나님 앞에 자기 보좌에 앉은 이십사 장로들이 엎드려 얼굴을 대고 하나님께 경배하여"

"24장로"는 구약과 신약의 모든 성도들의 대표입니다. 그들도 땅에 엎드려 하나님께 경배합니다. 계속해서 17절 보겠습니다.

"가로되 감사하옵나니 옛적에도 계셨고 시방도 계신 주 하나님 곧 전능하신 이여 친히 큰 권능을 잡으시고 왕 노릇 하시도다"

신약과 구약의 성도를 대표하는 24장로가 예수 그리스도가 승리하여 예수 그리스도가 통치할 하나님의 나라를 찬양하는데, "큰 권능을 잡으시고 왕 노릇 하시도다"하면서 외치며 찬양하는 것입니다. 먼저는 이렇게 승리한 모습을 보여 줍니다. 다음에 치열한 영적전투의 모습을 보여줍니다. 그것이 사단의 마지막 최후의 발악입니다. 18절 보겠습니다.

"이방들이 분노하매 주의 진노가 임하여 죽은 자를 심판하시며 종 선지자들과 성도들과 또 무론 대소하고 주의 이름을 경외하는 자들에게 상주시며 또 땅을 망하게 하는 자들을 멸망시키실 때로소이다 하더라"

사단이 권세를 잡은 이방들이 분노하매 주의 진노가 예수님 믿지 않는 죽은 자들을 심판합니다. 선지자들과 성도들과 또 무론 대소하고 주의 이름을 경외하는 자들은 상을 받습니다. 대조법을 계속 등장 시키고 있습니다. 그러므로 예수님의 재림이 우리에게는 심판이 아니라 상 받는 날입니다.

대학들이 연말이 되면 학기말 시험을 봅니다. 그런데 연말에 보는 기말시험은 범위도 넓고 과목도 전 과목을 다 시험 보기 때문에 기말시험은 중간고사보다 어렵습니다. 그런데 공부를 열심히 했던 학생들에게는 그날이 상급의 날이지만 공부를 하지 않았던 학생들에게는 그날이 심판의 날이 됩니다. 그래서 공부를 열심히 한 학생들은 그날이 빨리 왔으면 하지만 공부를 하지 않은 학생들은 아예 그날이 오지 않았으면 하는 것입니다. 우리도 마찬가지입니다. 1세기의 성도들은 아멘 주 예수여 어서 오시옵소서 하지만 21세기의 성도들은 예수님이 안 오셨으면 합니다. 그만큼 우리가 엉터리들입니다. 예수님의 재림의 날은 우리에게 상급의 날입니다. 19절 보겠습니다.

"이에 하늘에 있는 하나님의 성전이 열리니 성전 안에 하나님의 언약궤가 보이며 또 번개와 음성들과 뇌성과 지진과 큰 우박이 있더라"

하늘에 있는 하나님의 성전이 열립니다. 4장 1절에 보면 사도요한에게 하늘 문이 열리면서 미래에 대한 것들을 봅니다. 그리고 두 번째 열립니다. 성전 문이 열리면서 성전 한 가운데 있는 하나님의 언약궤가 보입니다.

법궤가 언제 없어졌습니까? 바벨론의 침공으로 예루살렘이 다 불타고 유다나라가 망할 때 법궤가 사라졌습니다. 이스라엘 백성들이 70년 동안 바벨론 포로로 끌려갔다가 돌아와서도 법궤를 찾으려고 했지만 찾을 수가 없었습니다. 유대인들은 지금도 고고학자들을 통해서 법궤를 찾아내려고 합니다.

그러나 찾을 수가 없습니다. 사람의 손에 의해서 법궤가 감추어졌지만 하나님이 감춘 것이라고 우리는 보고 있습니다. 그런데 그 없어진 법궤가 사도요한이 눈으로 보니까 천상교회 한 가운데 있습니다. 물론 상징입니다. 그러나 이 법궤의 모습을 보여주는 이유가 무엇일까요? 천상교회의 완전한 예배의 모습을 보여 주고 있는 상징입니다.

그리고 12장 1절부터는 사단의 최후의 발악을 보여 줍니다. 치열한 영적전투의 모습을 보여줍니다. 11장 13절에 보면 우주 대변동이 일어나면서 많은 사람들이 하나님 앞에 회개하고 돌아오는 영적 대 부흥의 역사가 일어납니다. 사단은 이런 모습을 보고 최후의 발악을 하는 것입니다. 12장에서는 마지막 영적전투의 장면을 우리에게 세 개로 나누어서 보여 주고 있습니다.

첫 번째는, 1절~6절입니다. 1절 보겠습니다.

"하늘에 큰 이적이 보이니 해를 입은 한 여자가 있는데 그 발 아래는 달이 있고 그 머리에는 열두 별의 면류관을 썼더라"

"해"는 하늘의 해를 말합니다. 발 아래는 달이 있고 머리에는 열두 별의 면류관을 쓴 한 여자가 있습니다. 발광체가 발하는 휘황찬란한 모습을 보여 주고 있는 이 여자는 무엇을 상징하는 것일까요? 계속해서 2절 보겠습니다.

"이 여자가 아이를 배어 해산하게 되매 아파서 애써 부르짖더라"

이 여자가 아이를 배었습니다. 해산하게 되매 아파서 애써 부르짖는 모습이 사도요한의 눈에 보이고 있습니다. 이 여자는 도대체 누구일까요? 3절 보겠습니다.

"하늘에 또 다른 이적이 보이니 보라 한 큰 붉은 용이 있어 머리가 일곱이요 뿔이 열이라 그 여러 머리에 일곱 면류관이 있는데"

하늘에 또 다른 이적이 보입니다. 대조적 표현입니다. "한 큰 붉은 용"은 사단의 괴수 두목을 상징합니다. 사단자체입니다. 드디어 모습을 만천하에 드러낸 것입니다. 최후의 발악으로 사단은 모습을 드러내는데 큰 붉은 용으로 드러냅니다. 하와를 유혹할 때 작은 뱀의 모습으로 나타났던 그 사단이 큰 붉은 용의 모습으로 정체를 드러낸 것입니다. "머리가 일곱이요" 완전수입니다. "뿔이 열이라"

는 말은 완전한 능력을 가진 사단의 모습을 말합니다. 그런데 그 여러 머리마다 면류관을 썼습니다.

1절에서의 여자는 열두 개의 면류관을 쓰고 있는데, 사단도 완전수인 일곱 개의 면류관을 쓰고 있습니다. 이것은 대조적인 표현입니다. 사단이 쓰고 있는 면류관은 상급으로 받은 면류관이 아니라 성도를 속이는 면류관입니다. 사단의 정체는 속이는 자입니다. 4절 보겠습니다.

"그 꼬리가 하늘 별 삼분의 일을 끌어다가 땅에 던지더라 용이 해산 하려는 여자 앞에서 그가 해산하면 그 아이를 삼키고자 하더니"

꼬리가 하늘 별 삼분의 일을 끌어다가 땅에 던집니다. 용이 해산하려는 여자 앞에서 그가 해산하면 그 아이를 삼키고자 합니다. 5절 보겠습니다.

"여자가 아들을 낳으니 이는 장차 철장으로 만국을 다스릴 남자라 그 아이를 하나님 앞과 그 보좌 앞으로 올려가더라"

여자가 아들을 낳았습니다. 이는 장차 철장으로 만국을 다스릴 남자입니다. 이 아이는 누구입니까? 예수 그리스도입니다. 철장 권세를 가지고 만국을 다스리실 예수 그리스도입니다. 그러면 이

여자가 상징하는 1차적인 의미는 무엇입니까? 창세기 3장 15절을
보겠습니다.

"내가 너로 여자와 원수가 되게 하고 너의 후손도 여자의 후손과 원
수가 되게 하리니 여자의 후손은 네 머리를 상(傷)하게 할 것이요 너
는 그의 발꿈치를 상하게 할 것이니라 하시고"

창세기와 요한계시록은 먼 것 같지만 원으로 볼 때 가장 가까운
것입니다. 창세기는 모든 것의 시작이고, 요한계시록은 모든 것의
끝입니다. 그래서 창세기에 시작된 것이 계시록에 그대로 나와 있
는 것입니다.

창세기 3장 15절은 원복음인데, 이 원복음과 계시록의 마지막 복
음을 맞추어야 합니다. 여기에서 "여자"도 단수이고, "후손"도 단
수입니다. 여자의 후손은 네(사단) 머리를 상하게 하고, 너는(사단)
그(여자의 후손)의 발꿈치를 상하게 할 것이라고 말합니다.

발꿈치는 미미한 것입니다. 여기에서 여자의 후손의 승리를 이
야기 합니다. 여자의 후손은 누구를 상징합니까? 예수 그리스도를
상징합니다. 다시 계시록 12장 5절에 보면, "그 아이를 하나님 앞
과 그 보좌 앞으로 올려가더라"라는 말은 예수님의 재림하는 모습
을 보여 주고 있습니다. 6절 보겠습니다.

"그 여자가 광야로 도망하매 거기 서 일천이백육십 일 동안 저를 양육
하기 위하여 하나님의 예비하신 곳이 있더라"

구약에 있어서의 그 여자의 해석은 1차적으로 동정녀 마리아입
니다. 그러나 신약에 있어서의 그 여자의 해석은 교회입니다. 중세
로 넘어가면 교부들은 교회를 어머니라는 표현을 썼습니다. 그래
서 2차적인 여자의 해석은 교회입니다. "광야"는 고난받는 장소입
니다. "그 여자가 광야로"는 교회와 성도가 핍박받는 것을 가리키
고 있습니다. 그리고 '일천이백육십 일"은 년 수로 환산하면 3년 6
개월입니다. 예수님이 재림하시기 직전까지의 마지막 때에 그들은
광야에서 고난을 받게 되는 것입니다. 교회가 당하는 핍박, 교회가
당하는 환란, 하나님께서는 교회와 성도들을 보호하시지만 교회와
성도들은 핍박을 통과하게 되어 있는 것입니다.

2차 영적전투는 7절~12절까지입니다. 장소는 천상으로 옮겨집
니다. 사단은 천상과 지상을 넘나드는 존재입니다. 천사도 마찬가
지입니다. 7절 보겠습니다.

"하늘에 전쟁이 있으니 미가엘과 그의 사자들이 용으로 더불어 싸울
새 용과 그의 사자들도 싸우나"

하늘에 전쟁이 있으니 미가엘과 그의 사자들이 용으로 더불어

싸울새 용과 그의 사자들도 싸웁니다. 미가엘이 누구입니까? 미가엘은 다니엘서 10장 20~21절에 성도를 보호하고 성도를 대신해서 싸우는 천사장입니다. 군장입니다.

핍박받고 고난받는 성도들을 위해서 미가엘이 천사들과 함께 사단과 그의 세력들과의 천상에서 싸우는 장면을 사도요한에게 보여주고 있는 것입니다. 8절 보겠습니다.

"이기지 못하여 다시 하늘에서 저희의 있을 곳을 얻지 못한지라"

사단과 그의 세력들이 이기지 못하여 다시 하늘에서 있을 곳을 얻지 못합니다. 9절 보겠습니다.

"큰 용이 내어쫓기니 옛 뱀 곧 마귀라고도 하고 사단이라고도 하는 온 천하를 꾀는 자라 땅으로 내어쫓기니 그의 사자들도 저와 함께 내어쫓기니라"

큰 용이 내어 쫓기니 옛 뱀 곧 마귀라고도 하고 사단이라고도 하는 온 천하를 꾀는 자가 땅으로 내어 쫓기니 그의 사자들도 함께 내어 쫓깁니다. 하와를 유혹했던 옛 뱀은 구약의 히브리어로 '사단' 이라고 합니다. 헬라어로 번역 될 때는 '마귀(디아블로스)' 로 번역됩니다. 그래서 마귀나 사단은 같은 말입니다.

사단의 정체는 무엇입니까? 첫 번째 정체는 온 천하를 꾀는 자, 미혹하는 자입니다. 그래서 마지막 때는 성도를 미혹하는 이단들이 많이 일어납니다.

계속해서 보면 사단과 그의 세력들이 땅으로 내어 쫓겨서 성도들을 핍박합니다. 10절 보겠습니다.

"내가 또 들으니 하늘에 큰 음성이 있어 가로되 이제 우리 하나님의 구원과 능력과 나라와 또 그의 그리스도의 권세가 이루었으니 우리 형제들을 참소하던 자 곧 우리 하나님 앞에서 밤낮 참소하던 자가 쫓겨났고"

"참소하던 자"는 이간질하는 자입니다. 사단의 두 번째 정체는 이간질하는 자입니다. 사단은 밤낮으로 이간질하는 것입니다. 성도들끼리 이간질하고, 목사와 성도들 간의 이간질을 하는 것입니다. 그래서 마지막 때는 교회마다 이간질하는 것입니다. 그래서 우리는 영적전쟁의 실체를 알아야 합니다. 그래야 우리는 사단에게 속지 않습니다. 그리고 우리가 영적전쟁의 실체를 알아야 이간하는 사단의 도구로 쓰임 받지 않는 것입니다. 11절 보겠습니다.

"또 여러 형제가 어린 양의 피와 자기의 증거하는 말을 인하여 저를 이기었으니 그들은 죽기까지 자기 생명을 아끼지 아니하였도다"

하나님은 교회와 성도를 보호하시지만 교회와 성도는 핍박을 받는 다는 사실을 기억해야 합니다. 12절 보겠습니다.

"그러므로 하늘과 그 가운데 거하는 자들은 즐거워하라 그러나 땅과 바다는 화 있을진저 이는 마귀가 자기의 때가 얼마 못된 줄을 알므로 크게 분내어 너희에게 내려갔음이라 하더라"

마귀가 자기의 때가 얼마 못된 줄 알고 크게 분내어 지상에 내려왔습니다. 또 지상에서 마지막 전투가 전개되고 있습니다. 13절 보겠습니다.

"용이 자기가 땅으로 내어쫓긴 것을 보고 남자를 낳은 여자를 핍박하는지라"

용이 자기가 땅으로 내어 쫓긴 것을 보고 남자를 낳은 여자를 핍박합니다. 여기에서 "여자"는 교회입니다. 사단은 계속 교회를 핍박하는 것을 볼 수 있습니다. 14절 보겠습니다.

"그 여자가 큰 독수리의 두 날개를 받아 광야 자기 곳으로 날아가 거기서 그 뱀의 낯을 피하여 한 때와 두 때와 반 때를 양육받으매"

하나님께서는 독수리를 보호하는 것같이, 또 양육하고 훈련시키는 것같이, 신명기 32장 10절에 독수리가 새끼를 떨어뜨려서 날개로 받고 다시 떨어뜨려서 받는 훈련을 통해서 새끼를 하늘의 제왕으로 만듭니다.

독수리의 모습은 치열한 영적전투에서의 승리자의 모습을 보여 주고 있는 것입니다. 교회와 성도가 핍박을 받고, 고난을 당하고, 어려움을 겪지만 결국은 승리하는 모습을 보여 주고 있는 것입니다. 17절 보겠습니다.

"용이 여자에게 분노하여 돌아가서 그 여자의 남은 자손 곧 하나님의 계명을 지키며 예수의 증거를 가진 자들로 더불어 싸우려고 바다 모래 위에 섰더라"

용이 여자에게 분노하여 돌아가서 그 여자의 남은 자손 곧 하나님의 계명을 지키며 예수의 증거를 가진 자들과 싸우기 위해 바다 모래 위에 서있는 모습을 보여 주고 있습니다. 이 마지막 전투에서는 예수님이 이기고, 예수님을 믿는 성도들이 이길 것을 보여주고 있습니다. 본 장은 천상과 지상을 오르내리며 치열한 영적전투를 벌이고 있는 모습을 보여주는데 결국에는 누가 승리합니까?

예수님과 성도들의 승리로 끝이 날 것을 보여줍니다. 그러므로 우리는 세상일에 얽매여서 전전긍긍할 것이 아니라 깨어서 기도하며 한 사람이라도 더 예수님을 믿도록 힘써야 합니다. 날마다 믿음으로 승리하시는 저와 여러분들이 되시기를 축원합니다.

적그리스도의 출현

성경본문
계시록 13장 1절 ~ 18절

14 적그리스도의 출현

성경본문
계시록 13장 1절 ~ 18절

12장 17절에 보면 사단의 형체를 지닌 용이 여자에게 분노하여 돌아가서 여자의 남은 자손 곧 하나님의 계명을 지키며 예수의 증거를 가진 자들로 더불어 싸우려고 합니다. 교회와 성도들과 함께 마지막 일전을 벌이기 위해 바다 모래위에 버티고 서서 최후의 발악을 하며 전투하려고 하는 모습을 보여주고 있습니다. 1절 보겠습니다.

"내가 보니 바다에서 한 짐승이 나오는데 뿔이 열이요 머리가 일곱이라 그 뿔에는 열 면류관이 있고 그 머리들에는 참람된 이름들이 있더라"

"내가 보니"할 때 "보니"는 영어성경에는 'vision'으로 되어 있습니다. 그래서 '내가 보니'는 '내가 비전을 보니'로도 해석할 수 있습니다. "한 짐승"은 무엇일까요? 이 짐승의 모습은 뿔이 열이고, 머리가 일곱이며, 그 뿔에는 열 면류관이 있고 그 머리들에는 참람된 이름들이 있는 짐승입니다.

다시 계시록 12장 3절을 보겠습니다.

" 큰 붉은 용이 있어 머리가 일곱이요 뿔이 열이라 그 여러 머리에 일곱 면류관이 있는데"

사단의 모습을 띤 용이 등장할 때의 모습과 13장 1절의 모습은 거의 똑같습니다. 이전까지는 용의 모습으로 사단이 등장하여 전쟁에서 패했습니다. 이제 13장에서는 사단의 모습이 또 다른 짐승의 모습으로 나타납니다. 그러므로 마지막 세 번째 영적전쟁의 실체가 전과는 또 다른 양상을 띠고 있음을 말해줍니다.

"열 면류관 뿔 열"은 하나님을 모방하는 완전수를 띠고 있습니다. 또 머리에는 면류관까지 쓰고 있는 미혹하고 속이는 영으로 나타납니다. 사단의 모습이 용으로 나타났지만 그것이 사단의 실체이듯이, 본문도 짐승의 모습으로 나타나고 있지만 짐승의 실체는 적그리스도입니다. 적그리스도는 오늘 날의 이단 정도가 아닙니다. 본문에 보시면, "머리들에는 참람된 이름들"은 하나님을 모독하는 이름들이 있다는 말입니다. 2절 보겠습니다.

"내가 본 짐승은 표범과 비슷하고 그 발은 곰의 발 같고 그 입은 사자의 입 같은데 용이 자기의 능력과 보좌와 큰 권세를 그에게 주었더라"

짐승의 겉모습은 표범과 비슷하고 그 발은 곰의 발 같고 그 입은 사자의 입과 같습니다. 그런데 이 짐승에게 용이 능력과 보좌와 큰 권세를 주었습니다. 3절 보겠습니다.

"그의 머리 하나가 상하여 죽게 된 것 같더니 그 죽게 되었던 상처가 나으매 온 땅이 이상히 여겨 짐승을 따르고"

"그의 머리 하나가 상하여 죽게 된 것 같더니"는 다니엘서에서도 같은 예언이 나와 있습니다. 죽은 것 같다가 다시 살아나는 기적을 일으킵니다. 그러므로 온 땅이 놀라고 기하게 여겨 짐승을 따르게 됩니다.

적그리스도는 사람의 모습으로 나타납니다. 그 실체가 짐승의 모습을 보여주고 있지만, 이 적그리스도는 탁월한 종교인일 수 있고 혹은 이단의 모습으로 나타나고 있지만 이단과 비교할 수 없는 적그리스도입니다. 여기에서 "적"이라는 말은 "대적"이란 뜻입니다. 그래서 예수 그리스도를 대적하는 적그리스도의 출현이 예수님의 재림직전에 나타나는 현상입니다. 4절 보겠습니다.

"용이 짐승에게 권세를 주므로 용에게 경배하며 짐승에게 경배하여 가로되 누가 이 짐승과 같으뇨 누가 능히 이로 더불어 싸우리요 하더라"

사단이 짐승에게 권세를 주었습니다. 그러므로 용에게 경배하며 짐승에게 경배하여 말하기를 '누가 이 짐승과 같으며 누가 이 짐승과 싸우리요' 합니다. 이것은 강력한 적그리스도의 모습을 보여줍니다. 다시 말해서 강력한 짐승의 능력과 권세에 누가 감히 대적하겠느냐는 것입니다. 단순히 이단이 미혹하는 정도가 아니라 능력과 권세뿐만 아니라 이적까지 행하는 적그리스도의 출현입니다. 5절 보겠습니다.

"또 짐승이 큰 말과 참람된 말 하는 입을 받고 또 마흔두 달 일할 권세를 받으니라"

여기에서 "큰 말"은 사람을 미혹하게 하는 큰 말입니다. 또 "참람된 말"은 하나님을 모독하는 말입니다. "마흔두 달"은 환산하면 3년 6개월입니다. 예수님이 재림하기 직전에 7년 대환란 가운데

전 3년 반입니다. 계속해서 6절 보겠습니다.

"짐승이 입을 벌려 하나님을 향하여 훼방하되 그의 이름과 그의 장막
곧 하늘에 거하는 자들을 훼방하더라"

짐승이 입을 벌려 하나님과 하늘에 거하는 자들을 향하여 훼방합니다. 짐승의 사역은 계속해서 하나님을 훼방하는 것입니다. 그래서 마지막 때가 되면 사단의 훼방으로 교회가 사분오열(四分五裂)되는 현상들이 나타납니다. 이것은 당연한 역사들입니다. 훼방은 예수님의 재림직전에 더 강하게, 그리고 뚜렷하게 나타납니다. 7절 보겠습니다.

"또 권세를 받아 성도들과 싸워 이기게 되고 각 족속과 백성과 방언
과 나라를 다스리는 권세를 받으니"

적그리스도가 권세를 받아 성도들과 싸워 이겼습니다. 그러나 이것은 완전한 승리가 아니라 잠시 잠깐의 승리입니다. 그리고 각 족속과 백성과 방언과 나라를 다스리는 권세를 받았다는 것은 적그리스도가 통치하는 세상나라를 말합니다. 적그리스도가 통치하는 예수님 재림직전의 모습을 보여주고 있습니다. 8절 보겠습니다.

"죽임을 당한 어린 양의 생명책에 창세 이후로 녹명되지 못하고 이
   땅에 사는 자들은 다 짐승에게 경배하리라"

죽임을 당한 어린 양의 생명책에 창세 이후로 이름이 기록되지
못하고 이 땅에 사는 자들은 다 짐승에게 경배할 때가옵니다. 9절
보겠습니다.

"누구든지 귀가 있거든 들을지어다"

경고하고 있습니다. 귀가 있다면 똑똑히 들으라는 것입니다. 10
절 보겠습니다.

"사로잡는 자는 사로잡힐 것이요 칼로 죽이는 자는 자기도 마땅히 칼
   에 죽으리니 성도들의 인내와 믿음이 여기 있느니라"

사로잡는 자는 사로잡힐 것이요 칼로 죽이는 자는 자기도 마땅
히 칼에 죽으리니 성도들의 인내와 믿음이 여기 있다는 것입니다.
이런 때가 올 것입니다.

사도요한은 계시록을 1세기의 관점으로 기록했습니다. 1세기에
황제에게 경배하지 않고 황제를 '주'라 부르지 않는 자는 가택과
재산이 몰수당할 뿐만 아니라 죽임을 당하는 상황 속에서 끝까지

인내하며 믿음을 지켰는데 마지막 때에 너희들은 어떻게 하겠느냐 똑똑히 들으라고 우리에게 주시는 음성입니다. 11절 보겠습니다.

"내가 보매 또 다른 짐승이 땅에서 올라오니 새끼 양같이 두 뿔이 있고 용처럼 말하더라"

예수님의 재림직전에 두 적그리스도가 출현합니다. 1절의 적그리스도의 모양은 흉칙하고 무시무시합니다. 그러나 본 절에서의 적그리스도의 모양은 어린양 같은 모습입니다. 마치 예수님같이 나타납니다. 사단은 이렇게 교활합니다. 그리고 "용처럼 말하더라"라는 말은 권세가 있다는 말입니다. 새끼 양처럼 두 뿔이 있고 용처럼 말하는 권세가 있는 적그리스도입니다. 12절 보겠습니다.

"저가 먼저 나온 짐승의 모든 권세를 그 앞에서 행하고 땅과 땅에 거하는 자들로 처음 짐승에게 경배하게 하니 곧 죽게 되었던 상처가 나은 자니라"

"저가 먼저 나온 짐승의 모든 권세를 그 앞에서 행하고 땅과 땅에 거하는 자들로 처음 짐승에게 경배하게 하니" 이것은 마치 앞에 나타난 적그리스도의 제사장과 같은 역할을 합니다. 죽게 되었던 병이 치유되자 1절에 나오는 적그리스도에게 경배하게 하는 역사가 일어난다는 말씀입니다. 13절 보겠습니다.

"큰 이적을 행하되 심지어 사람들 앞에서 불이 하늘로부터 땅에 내려
  오게 하고"

두 번째 적그리스도도 큰 이적을 행합니다. 심지어 사람들 앞에
서 불이 하늘에서부터 땅에 내려오게 하는 엘리야와 같은 능력을
행하는 모습을 보여주고 있습니다. 그러므로 사람들이 미혹 될 수
밖에 없습니다. 14절 보겠습니다.

"짐승 앞에서 받은 바 이적을 행함으로 땅에 거하는 자들을 미혹하며
  땅에 거하는 자들에게 이르기를 칼에 상하였다가 살아난 짐승을 위
  하여 우상을 만들라 하더라"

이적을 행함으로 땅에 거하는 자들을 미혹하며 땅에 거하는 자
들에게 칼에 상하였다가 살아난 짐승을 위하여 우상을 만들라고
합니다. 15절 보겠습니다.

"저가 권세를 받아 그 짐승의 우상에게 생기를 주어 그 짐승의 우상
  으로 말하게 하고 또 짐승의 우상에게 경배하지 아니하는 자는 몇이
  든지 다 죽이게 하더라"

　권세라는 표현을 본 장에서는 계속 쓰고 있는데, 이것은 예수 그리스도와 대적할만한 권세를 가지고 있기 때문에 적그리스도라고 하는 것입니다. 그 짐승의 우상에게 생기를 주어 그 짐승의 우상으로 말하게 합니다. 그러므로 사람들은 듣도 보도 못한 놀라운 기적을 보게 되니 미혹을 당합니다. 그리고 그 우상에게 경배하지 않는 자는 다 죽이게 하는 적그리스도가 통치하는 세상이 되었습니다. 16절 보겠습니다.

"저가 모든 자 곧 작은 자나 큰 자나 부자나 빈궁한 자나 자유한 자나
　종들로 그 오른손에나 이마에 표를 받게 하고"

　저가 모든 자 곧 작은 자나 큰 자나 부자나 빈궁한 자나 자유한 자나 종들로 그 오른손에나 이마에 표를 받게 합니다. 이 표는 짐승의 표입니다. 이 짐승의 표는 마치 이마에 인친 144,000과 비슷한 흉내를 내고 있습니다. 사단이 이렇게 교활하고 교묘합니다.
　그리고 자기가 마치 예수 그리스도인 것 같이 통치하는 것입니다. 그래서 적그리스도입니다. 적그리스도는 그리스도만큼 능력도 있고 권세도 있어서 그렇게 가장하는 것입니다. 17절 보겠습니다.

"누구든지 이 표를 가진 자 외에는 매매를 못하게 하니 이 표는 곧 짐

승의 이름이나 그 이름의 수라"

누구든지 이 표를 가진 자 외에는 매매도 못하게 합니다. 이 표는 짐승의 이름이나 그 이름의 수입니다. 18절 보겠습니다.

"지혜가 여기 있으니 총명 있는 자는 그 짐승의 수를 세어 보라 그 수
   는 사람의 수니 육백육십육이니라"

지혜가 여기 있으니 총명 있는 자는 짐승의 수를 세어 보라 그 수는 사람의 수니 666입니다. 이 숫자 자체에 비밀이 있는 것이 아닙니다. 이 666은 7의 완전수가 하나 모자란 충만의 수 세 개 666입니다. 위클리프 성경사전에는 마귀의 삼위일체라는 표현을 쓰고 있습니다.

삼위일체 같이 포장하고 미혹하는 666의 정체, 짐승의 표를 받지 않고는 아무것도 할 수 없는 그런 때가 오면 여러분은 어떻게 하시겠습니까? 먹고 살기 위해서 짐승의 표를 받고 그렇게 하겠습니까? 1세기 성도들은 황제 우상숭배를 하지 않고, 또 황제에게 '주'라 하지 않고 쫓겨나며 죽임을 당했는데 마지막 때를 사는 너희는 어떻게 하겠느냐?는 것입니다.

재림

성경본문
계시록 14장 1절 ~ 20절

15 재림

성경본문
계시록 14장 1절 ~ 20절

시편 1편에 보면 "복 있는 사람은 주의 말씀을 주야로 묵상한다."고 합니다. 여기에서 "묵상"이라는 단어는 히브리어로 '하가(הגה)'라는 단어입니다. 이 단어의 의미는 '낮은 소리'입니다. 비둘기의 우는 소리, 혹은 마치 사자가 먹이감을 앞에 놓고 낮은 소리로 침을 흘리면서 으르렁 거리는 것입니다.

우리가 성경을 읽을 때의 자세를 말해 줍니다. 14장을 그런 심정으로 읽어야 할 것입니다.

13장 17절에 보면 짐승의 표를 받지 않으면 매매도 못하게 합니다. 그리고 18절에 보면 짐승의 수는 666이라고 했습니다. 이 666

과 대조적인 표현이 14장 1절에 어린 양의 피로 이마에 인친 자 144,000입니다.

14장은 1~5절과 6~20절로 나누어집니다.

한 시대가 넘어갈 때 하나님께서는 심판하셨는데, 동전의 양면과 같이 구원과 심판을 동시에 보여 주고 있습니다. 심판 전에 먼저 구원이 있다고 했습니다. 그래서 계시록 14장: 1~5절은 구원, 구속입니다. 특별히 4절에 보면 구원받은 인 맞은 자의 수가 나옵니다. 그리고 6~20절은 그의 심판하실 시간이 이르렀다고 말씀합니다.

예수님의 재림 직전에 재림의 징조들이 나타나는 현상입니다.

1세기에 사도요한이 기록하였기 때문에 먼저 1세기의 환경을 이야기 했습니다. 1세기에 황제에게 우상숭배하지 않고 끝까지 믿음을 지켰던 성도들은 때로는 생명을 잃기도 하고 자택과 재산을 몰수당하면서 끝까지 믿음을 지켰습니다. 이것을 비교하면서 예수님 재림 직전의 마지막 때의 성도들은 짐승의 표를 받지 않으면 은행 거래도 매매도 물건도 아무것도 살 수 없는 뿐만 아니라 사회생활도 할 수 없는데 너희는 짐승의 표를 받지 않겠느냐는 도전을 우리에게 던지고 있습니다.

많은 사람들이 짐승의 표를 받았고, 또 짐승의 표를 받고 사는 사람들이 있었지만 끝까지 인내하며 신앙을 지킨 어린 양의 피로 이마에 인 맞은 성도들 144,000이 1절에 나타납니다. 144,000은 상징적인 숫자로 창세로부터 지금까지 모든 구원받은 백성들을 나타냅니다. 계시록 14장 1절을 보겠습니다.

"또 내가 보니 보라 어린 양이 시온 산에 섰고 그와 함께 십사만 사천이 섰는데 그 이마에 어린 양의 이름과 그 아버지의 이름을 쓴 것이 있도다"

이 144,000에는 저와 여러분도 포함되어 있습니다. 사도요한이 또 다시 비전을 봅니다. 여기에서 "어린 양"은 예수 그리스도를 상징합니다.

어린양이 시온 산에 섰습니다. 구약에서의 "시온 산"의 해석은 예루살렘이지만, 요한계시록에서의 "시온 산"은 새예루살렘입니다.

요한계시록 21장에 나오는 새예루살렘은 천상의 모습입니다. 어린 양이신 예수 그리스도가 시온 산에 섰고, 또 그와 함께 창세로부터 지금까지 어린 양의 생명책에 기록된 144,000이 바닷가의 모래알과 같이 빽빽하게 섰습니다.

요한계시록 7장과 14장은 짝입니다. 우리가 요한계시록 7장을 볼 때 외롭고 힘들고 고통스럽게 질병과 고난과 환란가운데 신앙생활을 하고 있는 성도들의 모습을 문빗장을 여는 것처럼 살며시 보여주었습니다. 천상에 있는 모습을 보여 주었습니다.

그러나 14장은 실제의 모습을 보여주고 있는 것입니다. 실제 승리한 그들은 구원 얻은 자로 나타납니다. 구속을 받은 자로 나타나고 승리한 자의 모습으로 나타나는 어린 양의 인 맞은 성도들입니다. 2절 보겠습니다.

"내가 하늘에서 나는 소리를 들으니 많은 물 소리도 같고 큰 뇌성도 같은데 내게 들리는 소리는 거문고 타는 자들의 그 거문고 타는 것 같더라"

하늘에서 나는 많은 소리는 찬양소리이고, 거문고소리입니다. 3절 보겠습니다.

"저희가 보좌와 네 생물과 장로들 앞에서 새 노래를 부르니 땅에서 구속함을 얻은 십사만 사천 인밖에는 능히 이 노래를 배울 자가 없더라"

구속함을 얻은 144,000 밖에는 능히 이 노래를 배울 자가 없다고 말씀합니다. 마치 출애굽 당시 이스라엘 백성들이 홍해를 건너고 나서 미리암의 소고에 맞추어 춤추며 수많은 사람들이 찬송을 불렀던 것과 같은 구속받은 성도들의 감사와 감격의 찬양이 천상에서 울려 퍼지고 있는 것입니다. 4절 보겠습니다.

"이 사람들은 여자로 더불어 더럽히지 아니하고 정절이 있는 자라 어
린 양이 어디로 인도하든지 따라가는 자며 사람 가운데서 구속을 받
아 처음 익은 열매로 하나님과 어린 양에게 속한 자들이니"

"이 사람들은 여자로 더불어 더럽히지 아니하고 정절이 있는 자"
라는 말은 신앙의 정절을 끝까지 지킨 사람들을 말합니다. 윤리적
인 모습이 아니라 끝까지 신앙의 정절을 지켰던 이 사람들은 어린
양, 즉 예수 그리스도를 따라 예수 그리스도가 어디로 가든지 끝까
지 좇아 살았던 하나님의 사람들입니다. 이 사람들은 구속을 받아
처음 익은 열매입니다. 이제 6절부터 20절까지 심판에 대해 보겠
습니다. 6절 보겠습니다.

"또 보니 다른 천사가 공중에 날아가는데 땅에 거하는 자들 곧 여러
나라와 족속과 방언과 백성에게 전할 영원한 복음을 가졌더라"

"영원한 복음"은 구원과 심판입니다. 7절 보겠습니다.

"그가 큰 음성으로 가로되 하나님을 두려워하며 그에게 영광을 돌리
라 이는 그의 심판하실 시간이 이르렀음이너 하늘과 땅과 바다와 물
들의 근원을 만드신 이를 경배하라 하더라"

"큰 음성"은 예수님의 재림직전의 징조들입니다. 큰 음성으로 가로되 하나님을 두려워하며 그에게 영광을 돌리라 이는 그의 심판의 때가 이르렀다합니다. 예수님의 재림의 때는 예수님이 재림만 하시는 것이 아니라 동시에 심판의 때이기도 합니다. 마치 천사가 날아가면서 화(禍) 화(禍) 화(禍)하는 것과 같이 재림의 때의 징조를 보여주고 있습니다. 8절 보겠습니다.

"또 다른 천사 곧 둘째가 그 뒤를 따라 말하되 무너졌도다 무너졌도다 큰 성 바벨론이여 모든 나라를 그 음행으로 인하여 진노의 포도주로 먹이던 자로다 하더라"

둘째 천사가 그 뒤를 따라 말하되 '무너졌도다 무너졌도다 큰 성 바벨론이여'에서 '바벨론'은 세상, 세속도시를 의미합니다. 진노의 포도주의 색깔은 '피'입니다. 9절 보겠습니다.

"또 다른 천사 곧 셋째가 그 뒤를 따라 큰 음성으로 가로되 만일 누구든지 짐승과 그의 우상에게 경배하고 이마에나 손에 표를 받으면"

셋째 천사 큰 소리로 누구든지 짐승과 그의 우상에게 경배하고 이마에나 손에 표를 받은 사람은 어떻게 될까요? 계속해서 10절 보겠습니다.

"그도 하나님의 진노의 포도주를 마시리니 그 진노의 잔에 섞인 것이
없이 부은 포도주라 거룩한 천사들 앞과 어린 양 앞에서 불과 유황
으로 고난을 받으리니"

하나님의 진노의 포도주를 마시리라는 말씀입니다. 또한 어린
양 앞에서 불과 유황으로 고난을 받는다고 말씀합니다. 마치 지옥
의 모습을 미리 보여주는 것과 같은 불과 유황으로 고난을 받는데,
계속해서 11절 보겠습니다.

"그 고난의 연기가 세세토록 올라가리로다 짐승과 그의 우상에게 경
배하고 그 이름의 표를 받는 자는 누구든지 밤낮 쉼을 얻지 못하리
라 하더라"

"고난의 연기가 세세토록 올라가리로다"라는 말씀은 고난이 끝
까지 영원히 계속된다는 이야기입니다. 짐승의 표를 받은 사람들
은 누구든지 밤낮 쉼을 얻지 못하고 영원토록 고난을 받는다는 말
씀입니다. 12절 보겠습니다.

"성도들의 인내가 여기 있나니 저희는 하나님의 계명과 예수 믿음을
지키는 자니라"

하나님의 계명과 예수 믿음을 지킨 어린 양의 피로 인 맞은 사람들을 대조적으로 보여주고 있습니다. 13절 보겠습니다.

"또 내가 들으니 하늘에서 음성이 나서 가로되 기록하라 자금 이후로 주 안에서 죽는 자들은 복이 있도다 하시매 성령이 가라사대 그러하다 저희 수고를 그치고 쉬리니 이는 저희의 행한 일이 따름이라 하시더라"

하늘에서 음성이 나서 기록하라고 합니다. 중요하니까 기록하라고 사도요한에게 말씀하십니다. "자금 이후로"는 '지금 이후로'라는 말씀이고, 예수님의 초림이후의 신약성도를 가리키고 있습니다. 첫 번째는 순교자들을 가리키고, 두 번째는 신약시대의 모든 성도들을 가리키는데, 주안에서 죽는 자들이 복이 있다고 말씀합니다.

본 절에서는 천사들이 말하지 않고 성령님이 말씀하십니다. 이것은 그만큼 중요하다는 것을 의미합니다. "저희 수고를 그치고 쉬리니"라는 말씀은 영원한 안식을 말합니다. 1세기에 황제 우상숭배에 못 이겨 짐승의 표를 받은 자들은 영원한 불 못에서 고통을 당하지만 끝까지 인내하며 믿음을 지켜 어린 양의 피로 인 맞은 사람들은 영원한 안식을 얻는 것입니다.

잠시 편안함을 누리려고 했던 사람들은 영원한 불 못에 참여하나 잠시간의 고난을 참고 인내한 성도들은 영원한 안식에 참여하고 있습니다. 이는 저희의 행한 일이 따름이라고 말씀합니다. 14절 보겠습니다.

"또 내가 보니 흰 구름이 있고 구름 위에 사람의 아들과 같은 이가 앉았는데 그 머리에는 금면류관이 있고 그 손에는 이한 낫을 가졌더라"

위대한 재림의 장면이 본 절에서 시작됩니다. 재림하시는 예수님의 모습입니다. 여기에서 "사람의 아들과 같은 이"는 "인자"인데, "인자"는 예수 그리스도를 가리킵니다. "금면류관"은 승리를 상징하기도 하지만 통치를 상징합니다. 예수 그리스도가 통치하는 하나님의 나라가 예수 그리스도의 재림부터 시작됩니다.

"그 손에는 이(利)한 낫을 가졌더라"라는 말씀은 추수하시는 재림 예수 그리스도를 말씀하십니다. 또한 심판하시는 예수 그리스도를 의미합니다. 15절 보겠습니다.

"또 다른 천사가 성전으로부터 나와 구름 위에 앉은 이를 향하여 큰 음성으로 외쳐 가로되 네 낫을 휘둘러 거두라 거둘 때가 이르러 땅에 곡식이 다 익었음이로다 하니"

“성전”은 17절에 나오는 “하늘에 있는 성전”입니다. 하나님이 좌정하셔서 통치하시는 그곳에서 명령을 받고 하나님의 구원의 계획을 수행하기 위해서 나오는 천사가 구름 위에 앉은 이를 향하여 큰 음성으로 외칩니다. 여기에서 “구름 위에 앉은 이”는 인자이신 예수님을 가리킵니다. 이 천사가 재림하신 예수 그리스도를 향하여 큰 소리로 외칩니다.

우리말 성경에는 “네 낫을 휘둘러 거두라”라고 되어 있지만, 원문에는 “당신의 낫을 휘둘러 거두십시오”라고 되어 있습니다. “거둘 때가 다 이르러 땅에 곡식이 다 익었음이로다”는 말씀은 구원추수를 의미합니다. 하나님의 택한 백성들을 먼저 추수하시는 구원추수의 모습을 보여주고 있습니다. 17절 보겠습니다.

“또 다른 천사가 하늘에 있는 성전에서 나오는데 또한 이한 낫을 가졌더라”

하나님이 좌정하셔서 통치하시는 그곳에서 명령을 받고 하나님의 구원의 계획을 수행하기 위해서 나오는 또 다른 천사도 추수하기 위해 이한 낫을 가졌습니다. 18절 보겠습니다.

“또 불을 다스리는 다른 천사가 제단으로부터 나와 이한 낫 가진 자를 향하여 큰 음성으로 불러 가로되 네 이한 낫을 휘둘러 땅의 포도송이를 거두라 그 포도가 익었느니라 하더라"

불을 다스리는 다른 천사가 제단에서 나와 이한 낫 가진 자를 향하여 큰 음성으로 불러 말하기를 네 이한 낫을 휘둘러 땅의 포도송이를 거두라 그 포도가 익었느니라라고 합니다. 여기에서 "땅의 포도송이를 거두라"는 말씀은 심판추수입니다. 이렇게 구원추수와 심판추수를 대조적으로 보여주고 있습니다. 19절 보겠습니다.

"천사가 낫을 땅에 휘둘러 땅의 포도를 거두어 하나님의 진노의 큰 포도주 틀에 던지매"

천사가 낫을 땅에 휘둘러 땅의 포도를 거두어 하나님의 진노의 큰 포도주 틀에 던집니다. 계속해서 20절 보겠습니다.

"성 밖에서 그 틀이 밟히니 틀에서 피가 나서 말굴레까지 닿았고 일천육백 스다디온에 퍼졌더라"

성 밖에서 그 틀이 밟히니 틀에서 포도주가 나오는 것이 아니라 피가 나옵니다. 그 피가 말굴레까지 닿았고 1600스다디온에 퍼졌습니다. 1600이라는 숫자를 분해하면, 4(땅의 수)×4×10(완전 수)×10입니다. 이것을 실제 길이로 환산하면 320km입니다. 그런데 실제적인 320km가 아니라 완전수의 320km로 끝이 보이지 않는 수를 의미합니다.

끝이 보이지 않는 피로 물들이는 심판추수의 장면을 보여줍니다. 하나님은 한 번 인친 사람은 끝까지 어떤 상황에서도 버리지 않고 사랑하십니다. 성령님이 우리 마음에 들어오시면 구원은 끝까지 가는 겁니다. 그래서 하나님이 인친 자들은 요한일서를 볼 때 죄를 지으면 회개하고 다시 하나님께 나아갈 수밖에 없습니다. 계시록 14장 1절 말씀처럼 우리는 이미 천상에 있는 자의 모습으로 보여주고 있습니다. 1세기에 핍박받고 있는 성도들에게 하나님은 사도요한을 통해서 미리 천상의 모습을 보여주면서 힘을 얻게 하셨듯이, 우리에게도 보여주고 있습니다. 그러므로 어떤 고난이나 어려움 가운데서도 역동적인 삶을 통해 승리하시는 저와 여러분이 되시기를 축원합니다.

마지막 재앙

성경본문
계시록 15장 1절 ~ 16장 21절

16 마지막 재앙

성경본문
계시록 15장 1절 ~ 16장 21절

15장 1절에 보면,

"또 하늘에 크고 이상한 다른 이적을 보매 일곱 천사가 일곱 재앙을 가

졌으니 곧 마지막 재앙이라 하나님의 진노가 이것으로 마치리로다"

일곱 천사가 가지고 있는 일곱 재앙, 곧 마지막 재앙인 일곱 대접의 심판입니다. 일곱 인을 떼시고 일곱 나팔을 불고, 그리고 일곱 대접의 심판을 이야기 하고 있습니다. 하나님의 진노가 이것으로 마지막입니다.

계시록 21장 1절을 보시면 새 하늘과 새 땅이 나옵니다.

14장~20장까지는 한 사건입니다. 시차를 두고 봐야 되는 것이 아니라 동시에 일어나는 사건입니다. 예수님이 재림하실 때 추수가 있는데, 하나는 구원추수이고, 또 다른 하나는 심판추수가 있습니다. 그런데 예수님이 재림하실 때 추수가 되어서 어린 양의 피로 인(印) 맞은 우리 144,000은 하늘나라에 있는 존재입니다.

계시록 14상~20장 사이에 이미 휴거도 있었습니다. 우리는 미래의 일을 보고 있지만 우리의 신분은 하늘나라에 있는 것입니다. 그러므로 우리는 이미 천상에 있기 때문에 일곱 대접 심판은 우리에게 해당되지 않습니다.

"마지막 재앙"이라는 말은 이것이 '마지막이다' 라는 말입니다. 일곱 대접 심판이 끝이라는 것입니다. 2절 보겠습니다.

"또 내가 보니 불이 섞인 유리 바다 같은 것이 있고 짐승과 그의 우상과 그의 이름의 수를 이기고 벗어난 자들이 유리 바다 가에 서서 하나님의 거문고를 가지고"

"짐승과 그의 우상"은 '사단' 입니다. 그리고 "그의 이름의 수"는 666입니다. 또 "이기고 벗어난 자들"은 '승리한 자들' 을 말합니다.

그래서 사단과 그의 이름의 수인 666을 이기고 승리한 어린 양의 피로 인친 144,000의 구원받은 백성들이 유리 바다 가에 서서 전과 같이 재림 예수님과 함께 새 노래로 찬양하고 있는 모습을 보여주고 있습니다. 이 찬양을 모세의 노래로 비유하고 있습니다.

출애굽에서 좇아오던 애굽의 모든 군대가 사장되어 구원함을 얻은 이스라엘 백성들의 미리암을 따라 불렀던 모세의 노래는 예표이고 본 장의 찬양은 실제입니다. 그래서 모세의 노래와 비교하고 있는 것입니다. 이스라엘 백성들은 심판을 받지 않고 안전한 곳에 머물러 있고 좇아오던 애굽의 모든 군대는 심판을 받았던 이 장면과 말세의 성도의 장면을 비교하고 있습니다.

우리는 심판받지 않는 다는 것을 비교하고 있습니다. 그래서 3절~4절에 찬양하고 기뻐하는 모습이 나와 있습니다. 5절 보겠습니다.

"또 이 일 후에 내가 보니 하늘에 증거 장막의 성전이 열리며"

"증거 장막"은 광야의 장막을 비유로 표현한 것입니다. 6절 보겠습니다.

"일곱 재앙을 가진 일곱 천사가 성전으로부터 나와 맑고 빛난 세마포
　옷을 입고 가슴에 금띠를 띠고"

일곱 재앙을 가진 일곱 천사는 일곱 대접의 심판을 예고하고 있다는 말씀입니다. 천사들이 계속 성전에서부터 나온다는 말은 하

나님으로부터 명령을 받아 구원 계획을 수행하기 위해 나오는 심판의 대리자라는 것을 알 수 있습니다. 7절 보겠습니다.

"네 생물 중에 하나가 세세에 계신 하나님의 진노를 가득히 담은 금
  대접 일곱을 그 일곱 천사에게 주니"

하나님의 진노를 가득히 담은 금대접을 일곱 천사에게 줍니다. 이제 일곱 대접의 심판이 시작됩니다. 8절 보겠습니다.

"하나님의 영광과 능력을 인하여 성전에 연기가 차게 되매 일곱 천사
  의 일곱 재앙이 마치기까지는 성전에 능히 들어갈 자가 없더라"

성전에 연기가 차매 일곱 천사의 일곱 재앙이 마치기까지는 성전에 능히 들어갈 자가 없습니다. 16장 1절 보겠습니다.

"또 내가 들으니 성전에서 큰 음성이 나서 일곱 천사에게 말하되 너
  희는 가서 하나님의 진노의 일곱 대접을 땅에 쏟으라 하더라"

성전에서 큰 음성이 나서 일곱 천사에게 말하되 가서 하나님의 진노의 일곱 대접을 땅에 쏟으라고 명령하십니다. 2절 보겠습니다.

"첫째가 가서 그 대접을 땅에 쏟으며 악하고 독한 헌데가 짐승의 표
를 받은 사람들과 그 우상에게 경배하는 자들에게 나더라"

첫 번째 천사가 대접을 땅에 쏟습니다. 그러니까 "독한 헌데", 즉
종기를 앓게 됩니다. 출애굽의 열 가지 재앙 중에 여섯 번째 재앙
입니다. 그러므로 출애굽의 재앙과 비슷하게 나가는 것을 알 수 있
습니다.

네 번째 인을 떼기까지 땅에 대한 것, 또 네 번째 나팔을 불기까
지 땅에 대한 것입니다. 그리고 대접에 나타나는 심판의 내용도 네
번째까지는 땅에 대한 우주적인 심판을 보여주고 있습니다. 그래
서 2절을 다시 보면 대접을 땅에 쏟으매 독한 헌데가 짐승의 표
666을 받은 사람들과 그 우상에게 경배하는 자들에게 납니다. 그
러므로 이 심판이 우리와는 관계가 없습니다. 3절 보겠습니다.

"둘째가 그 대접을 바다에 쏟으매 바다가 곧 죽은 자의 피같이 되니
바다 가운데 모든 생물이 죽더라"

두 번째 천사가 대접을 바다에 쏟습니다. 그러니까 바다가 곧 죽
은 자의 피같이 되어 바다 가운데 모든 생물이 죽습니다. 4절 보겠
습니다.

"셋째가 그 대접을 강과 물 근원에 쏟으매 피가 되더라"

세 번째 천사가 대접을 쏟으니 강과 물 근원이 피가 됩니다. 식수를 먹을 수가 없습니다. 5절 보겠습니다.

"내가 들으니 물을 차지한 천사가 가로되 전에도 계셨고 시방도 계신 거룩하신 이여 이렇게 심판하시니 의로우시도다"

천사가 가로되 "하나님이 심판하시니 의로우시도다"라고 말합니다. 이 말은 하나님의 심판이 공의롭다고 말하는 것입니다. 6절 보겠습니다.

"저희가 성도들과 선지자들의 피를 흘렸으므로 저희로 피를 마시게 하신 것이 합당하니이다 하더라"

사단이 성도들과 선지자들의 피를 흘렸으므로 사단에게 피를 마시게 하신 것이 합당하다는 말씀입니다. 다시 한 번 하나님은 "공의의 하나님"이시라는 것을 표현하고 있습니다. 7절 보겠습니다.

"또 내가 들으니 제단이 말하기를 그러하다 주 하나님 곧 전능하신 이시여 심판하시는 것이 참되시고 의로우시도다 하더라"

전 장에서는 하나님의 성전에서 나왔는데, 이제는 하나님의 보좌에서 말합니다. "주 하나님 곧 전능하신 이시여 심판하시는 것이 참되시고 의로우시도다"라고 말합니다. 8절 보겠습니다.

"넷째가 그 대접을 해에 쏟으매 해가 권세를 받아 불로 사람들을 태우니"

네 번째 천사가 대접을 해에 쏟으니 해가 권세를 받아 불로 사람들을 태웁니다. 9절 보겠습니다.

"사람들이 크게 태움에 태워진지라 이 재앙들을 행하는 권세를 가지신 하나님의 이름을 훼방하며 또 회개하여 영광을 주께 돌리지 아니하더라"

사람들이 태워지면서 하나님의 이름을 모독하며 회개하지 않습니다. 이 심판은 회개의 심판이 아닙니다. 이제는 회개 할 수조차 없습니다. 어린 양의 피로 인친 성도들은 범죄하면 성령님이 내주하고 있기 때문에 양심에 가책을 받아 회개하고 다시 돌아옵니다.

그러나 짐승의 표를 받은 사람들은 회개하지도 않고 회개할 수도 없고 회개해도 이미 늦었습니다. 애굽왕 바로가 재앙이 점점 더 강해질 때 회개하지 않고 그 마음이 더 강퍅해진 것과 똑같은 표현입니다. 일곱 인, 일곱 나팔, 일곱 대접은 심판이 점점 더 강력해지는 것을 의미합니다. 10절 보겠습니다.

> "또 다섯째가 그 대접을 짐승의 보좌에 쏟으니 그 나라가 곧 어두워지며 사람들이 아파서 자기 혀를 깨물고"

땅에 대한 심판은 끝났습니다. 다섯 번째 천사의 대접부터는 사단 심판입니다. 다섯 번째 천사가 그 대접을 짐승의 보좌에 쏟으니 그 나라가 곧 어두워지며 사람들이 아파서 자기 혀를 깨물고 고통을 참으려고 하지만 참을 수가 없습니다.

예수님은 심판을 비유로 말씀하셨습니다. 심판 때에 밖에 내어쫓겨 이를 갊이 있으리라고 했는데, 심판 때에 이를 갈며 하나님을 끝까지 모독하며 회개하지 않는 모습을 보여주고 있습니다. 11절 보겠습니다.

> "아픈 것과 종기로 인하여 하늘의 하나님을 훼방하고 저희 행위를 회개치 아니하더라"

끝까지 저희 행위를 회개하지 아니하고 하나님을 훼방합니다. 12절 보겠습니다.

"또 여섯째가 그 대접을 큰 강 유브라데에 쏟으매 강물이 말라서 동
방에서 오는 왕들의 길이 예비되더라"

여섯 번째 천사가 대접을 큰 강 유브라데에 쏟으매 강물이 말라
서 동방에서 오는 왕들의 길이 예비됩니다. 13절 보겠습니다.

"또 내가 보매 개구리 같은 세 더러운 영이 용의 입과 짐승의 입과 거
짓 선지자의 입에서 나오니"

개구리 같은 세 더러운 영이 용의 입과 짐승의 입과 거짓 선지자
의 입에서 나옵니다. 여기에서 "용의 입"은 사단의 상징입니다. 또
"짐승의 입"은 적그리스도의 상징입니다. 14절 보겠습니다.

"저희는 귀신의 영이라 이적을 행하여 온 천하 임금들에게 가서 하나
님 곧 전능하신 이의 큰 날에 전쟁을 위하여 그들을 모으더라"

귀신의 영들이 하나님의 이름으로 유혹하고 미혹하고 속이며 부
추겨서 전쟁을 일으키게 합니다. 15절 보겠습니다.

"보라 내가 도적같이 오리니 누구든지 깨어 자기 옷을 지켜 벌거벗고

다니지 아니하며 자기의 부끄러움을 보이지 아니하는 자가 복이 있
도다"

우리에게 깨어 있으라고 말씀하십니다. 16절 보겠습니다.

"세 영이 히브리 음으로 아마겟돈이라 하는 곳으로 왕들을 모으더라"

"아마겟돈"은 헬라어입니다. 히브리어로는 "므깃도"가 됩니다.
우리나라에서는 김해평야가 제일 넓은데, 이스라엘에서는 "므깃
도"가 가장 넓은 평야입니다. 이 넓은 평야에 전쟁을 위해서 이만
만이 내려오고 있는 것을 묘사하고 있습니다. 17절 보겠습니다.

"일곱째가 그 대접을 공기 가운데 쏟으매 큰 음성이 성전에서 보좌로
부터 나서 가로되 되었다 하니"

마지막 일곱 번째 천사가 그 대접을 공기 가운데 쏟으매 큰 음성
이 성전에서 보좌로부터 나서 가로되 되었다고 말합니다. 예수님
이 십자가에서 다 이루었다고 하신 것처럼 "되었다"는 말은 "이제
끝이다"는 말입니다. 모든 것의 마지막의 마지막을 이야기하고 있
습니다. 18절 보겠습니다.

"번개와 음성들과 뇌성이 있고 또 큰 지진이 있어 어찌 큰지 사람이
땅에 있어 옴으로 이같이 큰 지진이 없었더라"

순간 번개와 음성들과 뇌성이 있고 또 큰 지진이 일어나는데 전
무후무(前無後無)한 지진이 일어납니다. 19절 보겠습니다.

"큰 성이 세 갈래로 갈라지고 만국의 성들도 무너지니 큰 성 바벨론
이 하나님 앞에 기억하신 바 되어 그의 맹렬한 진노의 포도주 잔을
받으매"

큰 성이 세 갈래로 갈라지고 만국의 성들도 무너지니 큰 성 바벨
론이 하나님 앞에 기억하신 바 되어 그의 맹렬한 진노의 포도주 잔
을 받습니다. 여기에서 "큰 성 바벨론"은 사단이 통치하는 나라입
니다. 20절 보겠습니다.

"각 섬도 없어지고 산악도 간데없더라"

각 섬도 없어지고 산악도 없어지는 인류의 마지막 재앙입니다.
21절 보겠습니다.

"또 중수가 한 달란트나 되는 큰 우박이 하늘로부터 사람들에게 내리

매 사람들이 그 박재로 인하여 하나님을 훼방하니 그 재앙이 심히
큼이러라"

중수가 한 달란트나 되는 큰 우박이 하늘에서 사람들에게 내립
니다. 여기에서 "한 달란트"의 무게는 70kg입니다. 그러니까
70kg이나 되는 사람의 몸 크기와 같은 우박이 사람들에게 쏟아지
내 사람들이 하나님을 훼방합니다. 이렇게 마지막 재앙이 마쳐집
니다. 16장은 앞으로 나타날 17장부터 20장까지의 내용을 요약한
것입니다. 이것은 시차적으로 일어나는 일이 아니라 동시적으로
일어나는 사건인 것을 알아야 합니다. 우리는 이런 재앙에 두려워
해야 할 필요가 없습니다.

왜냐하면 우리는 일곱 대접의 심판을 받지 않기 때문입니다. 과
거의 모든 것이 하나님의 뜻대로 성취되지 않은 것이 없고 앞으로
미래에도 과거에 하나님의 뜻이 성취된 것처럼 성취될 것입니다.

그러므로 우리는 과거와 미래사이의 현재의 한 가운데서 어떻게
살아야 할 것을 계시록을 통해 깨닫습니다. 우리는 이 땅에서 적극
적이고 역동적인 삶을 사는 성도의 자세를 가지고 늘 깨어서 한 생
명이라도 구원하기 위해서 최선을 다하는 삶을 살아야겠습니다.

바벨론의 심판

성경본문
계시록 17장 1절 ~ 18장 24절

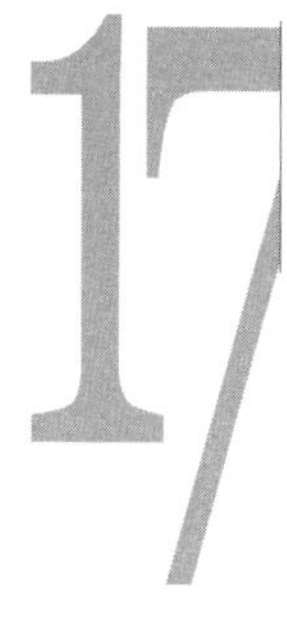

바벨론의 심판

성경본문
계시록 17장 1절 ~ 18장 24절

요한계시록은 두 개의 결론, 즉 이중결론을 가지고 있습니다. 하나의 결론은 17장~20장까지입니다. 17장에서 20장까지는 모든 것의 심판입니다. 그리고 또 하나의 결론은 21장~22장까지입니다. 21장과 22장은 새 하늘과 새 땅이라는 새로운 시작입니다.

그래서 요한계시록은 두 개의 결론을 우리에게 대조적으로 보여주고 있는 것입니다. 먼저 계시록 16장 19절을 보면 "큰 성"이 나오는데, "큰 성"은 바벨론입니다. 그래서 본 절은 바벨론의 멸망을 이야기하고 있습니다.

그리고 계시록 16장 20절에 보면 "각 성도 없어지고 산악도 간데 없더라” 그리고 계시록 20장 11절에 보면 천지가 소멸되고 끝나는 것입니다. 계시록 20장 11절에 천지 소멸에 대해서 나오고 있지만, 사실은 계시록 16장 20절에서 이미 다 끝난 것입니다.

17장~20장까지는 요한계시록의 결론 부분으로서 앞장의 내용들이 계속 반복해서 나오는 것입니다. 결론 부분을 조금 더 자세하게 설명하고 있는 내용이 계시록 17장~20장까지의 내용입니다.

계시록 16장 19절에 보면 바벨론이 멸망했는데, 왜 바벨론이 멸망했는지, 그리고 바벨론의 정체가 무엇인가?를 17장과 18장에서 그 내용을 살펴보겠습니다. 17장 1절 보겠습니다.

“또 일곱 대접을 가진 일곱 천사 중 하나가 와서 내게 말하여 가로되
이리 오라 많은 물 위에 앉은 큰 음녀의 받을 심판을 네게 보이리라”

하나님께서 사도요한에게 또 하나의 비전을 보여 주셨습니다. 한 여자가 등장하는 것을 보여 주셨습니다. 이 여자의 별명은 음녀라고 나와 있습니다. 아주 음란한 모습을 보여주고 있습니다.

이 음녀의 정체가 무엇일까요? 또 왜 음행하는 여자를 보여주고 있을까요? “많은 물 위에 앉은”에서 “많은 물”은 무엇을 의미할까요? 계시록 17장 15절에 보면 물에 대한 해석을 하고 있습니다. 물은 백성과 무리와 열국과 방언들이라고 했는데, 이것은 온 땅의 나라들을 의미합니다. 본 절은 땅의 나라에 앉은 음녀를 보여줍니다.

계속해서 2절 보겠습니다.

"땅의 임금들도 그로 더불어 음행하였고 땅에 거하는 자들도 그 음행
의 포도주에 취하였다 하고"

땅의 모든 왕들도, 땅의 모든 지도자들도 이 음녀로 더불어 음행
하였습니다. 이 음녀는 온 세상을 음행하도록 꾀는 자입니다.

계시록 16장까지 모든 것이 다 끝났습니다. 그러면 우리는 이 땅
에 있는 존재입니까? 천상에 있는 존재입니까? 우리는 천상에 있
는 존재입니다. 그러면 이 본문은 우리와 관계가 없잖아요? 그러나
관계가 없는 것이 아니라는 것을 말씀하고 있는 것입니다.

이 땅이 왜 멸망했느냐? 그냥 하나님께서 심판하시니까 멸망했
느냐? 본 장은 그 멸망의 이유를 말씀하고 있습니다. 또한 우리의
책임들을 교훈하고 있는 것입니다. 너희 믿는 자들도 깨어있지 않
으면 세상 사람들의 멸망에 동참할 수밖에 없다는 것을 경고하고
있는 것입니다.

다시 2절 보겠습니다. 여기 "땅에 거하는 자들"은 짐승의 표 666
을 받은 사람들입니다. 하나님께 택함 받지 못한 사람들입니다. 그
리고 "음행의 포도주에 취하였다"는 말은 하나님의 진노와 심판의
대상들이라는 말입니다. 3절 보겠습니다.

"곧 성령으로 나를 데리고 광야로 가니라 내가 보니 여자가 붉은 빛
짐승을 탔는데 그 짐승의 몸에 참람된 이름들이 가득하고 일곱 머리
와 열 뿔이 있으며"

음녀가 붉은 빛 짐승을 탔는데 그 짐승은 일곱 머리와 열 뿔이 있
습니다. 이 짐승은 다른 모습을 하고 있는 것이 아니라 계시록 13
장에 나오는 모습을 보여줍니다. 13장에 적그리스도의 모습으로
나타난 그 짐승의 위에 앉아 있는 음녀입니다.

음녀를 조종하는 적그리스도, 그리고 배후에 역사하는 사단이
음녀의 정체입니다. 4절 보겠습니다.

"그 여자는 자주 빛과 붉은 빛 옷을 입고 금과 보석과 진주로 꾸미고
손에 금잔을 가졌는데 가증한 물건과 그의 음행의 더러운 것들이 가
득하더라"

이 음녀는 가증한 물건과 그의 음행의 더러운 것들이 가득합니
다. 계속 사람들로 하여금 음행을 하게 만듭니다. 5절 보겠습니다.

"그 이마에 이름이 기록되었으니 비밀이라, 큰 바벨론이라, 땅의 음
녀들과 가증한 것들의 어미라 하였더라"

음녀의 정체는 큰 바벨론입니다. 바벨론을 별명으로 이야기 하고 있습니다. 이 바벨론이 성경에 최초로 등장한 때는 창세기 11장의 바벨탑 사건입니다. 세계사에서는 고대 바빌로니아제국으로 나옵니다. 그들의 첫 번째 역사는 바벨탑을 쌓아 하늘에 닿게 하자고 했습니다.

그것은 교만의 상징이었습니다. "우리가"라는 표현을 쓰며 바벨탑을 쌓아 하나님을 배제하고 인간경영을 꿈꾸며 교만을 드러냈습니다. 이것은 하나님을 대적하는 모습으로 나타났습니다.

두 번째로 등장하는 바벨론 제국은 세계사에서 신바빌로니아 제국으로 등장합니다. 이 바벨론 제국은 앗수르 제국을 멸망시켰습니다. 그 바벨론 제국의 가장 교만하고 강력한 왕이 느부갓네살왕입니다.

느부갓네살왕은 어마어마한 금신상을 세웠습니다. 그리고 그 금신상을 자신이라고 했고, 바벨론 제국은 영영 멸망하지 않는다고 했습니다. 그런데 하나님께서 다니엘을 통해 보여주신 비전은 뜨인 돌이 날아와서 이 금신상을 완전히 부수면서 바벨론이 멸망하는 것이었습니다. 바벨론은 멸망했습니다. 바벨론이 왜 멸망했을까요? 그것은 교만과 사치와 방탕과 타락이 원인이었습니다.

사도요한 시대인 1세기에 자신이 살고 있는 나라를 통치하는 나라가 로마였습니다. 이 바벨론의 첫 번째 해석은 로마입니다. 그래서 이 바벨론의 멸망처럼 로마도 멸망할 것을 예고하고 있는 것입니다. 두 번째 바벨론의 궁극적 해석은 세상나라입니다. 음녀를 통해서 음행하게 만들고 온 세상을 음행에 빠트리며, 이것이 이 세상 멸망의 당위성이라는 것을 계속 강조하고 있는 것입니다. 7절 보겠습니다.

> "천사가 가로되 왜 기이히 여기느냐 내가 여자와 그의 탄 바 일곱 머리와 열 뿔 가진 짐승의 비밀을 네게 이르리라"

"천사가 가로되 왜 기이히 여기느냐"라고 말하며 비밀을 가르쳐 줍니다. 그 비밀은 여자와 그의 탄 바 일곱 머리와 열 뿔 가진 짐승의 비밀입니다. 8절 보겠습니다.

> "네가 본 짐승은 전에 있었다가 시방 없으나 장차 무저갱으로부터 올라와 멸망으로 들어갈 자니 땅에 거하는 자들로서 창세 이후로 생명책에 녹명되지 못한 자들이 이전에 있었다가 시방 없으나 장차 나올 짐승을 보고 기이히 여기리라"

그 비밀은 무엇입니까? 13장에서도 보았듯이 무저갱 속에 갇혔다가 빠져나온 짐승, 사단, 적그리스도의 모습입니다. "땅에 거하는 자들"은 짐승의 표 666을 받은 자들로서 창세 이후로 생명책에 녹명되지 못한 자들이라는 것을 보여주고 있는 것입니다. 9절부터 계속 왕들이 나옵니다. 특별히 12절을 보겠습니다.

"네가 보던 열 뿔은 열 왕이니 아직 나라를 얻지 못하였으나 다만 짐
승으로 더불어 임금처럼 권세를 일시 동안 받으리라"

"네가 보던 열 뿔은 열 왕이니"에서 "열"은 완전수입니다. 이런
세상의 왕들과 지도자들을 부추겨서 음행과 타락의 늪으로 점점
더 빠지게 하는 것이 음녀의 정체입니다. 13절 보겠습니다.

"저희가 한 뜻을 가지고 자기의 능력과 권세를 짐승에게 주더라"

일시동안 짐승이 능력과 권세를 가지고 마음 것 행하는 것입니
다. 14절 보겠습니다.

"저희가 어린 양으로 더불어 싸우려니와 어린 양은 만주의 주시요 만
왕의 왕이시므로 저희를 이기실 터이요 또 그와 함께 있는 자들 곧
부르심을 입고 빼내심을 얻고 진실한 자들은 이기리로다"

그러다가 어린 양과 더불어 싸웁니다. 이 영적전쟁에서 어린 양
이신 예수 그리스도가 승리합니다. 16절 보겠습니다.

"네가 본 바 이 열 뿔과 짐승이 음녀를 미워하여 망하게 하고 벌거벗

게 하고 그 살을 먹고 불로 아주 사르리라"

13절에서는 한 뜻을 가지고 어린 양이신 예수 그리스도를 대적
했지만 본 절에서는 스스로 자멸합니다. 열 뿔과 짐승이 음녀를 미
워하여 지리멸렬(支離滅裂)하는 모습을 보여줍니다. 이것이 세상
나라의 정체입니다. 세상나라가 하나 되는 것같이 보이지만 지리
멸렬(支離滅裂)하고 만다는 것을 보여주고 있습니다. 17절 보겠습
니다.

"하나님이 자기 뜻대로 할 마음을 저희에게 주사 한 뜻을 이루게 하

시고 저희 나라를 그 짐승에게 주게 하시되 하나님 말씀이 응하기까

지 하심이니라"

하나님이 자기 뜻대로 할 마음을 저희에게 주니까 자기 뜻대로
하다가 멸망하는 모습을 보여주고 있습니다. 18장은 멸망의 더 구
체적인 모습을 보여주고 있습니다. 그리고 이 본문을 어떻게 우리
삶에 적용해야 할지를 말씀해 주는 결론입니다. 18장 2절 보겠습
니다.

"힘센 음성으로 외쳐 가로되 무너졌도다 무너졌도다 큰 성 바벨론이

여 귀신의 처소와 각종 더러운 영의 모이는 곳과 각종 더럽고 가증
한 새의 모이는 곳이 되었도다"

힘센 음성으로 외쳐 가로되 무너졌도다 무너졌도다 큰 성 바벨
론이여 귀신의 처소와 각종 더러운 영의 모이는 곳과 각종 더럽고
가증한 새의 모이는 곳으로 표현된 세상나라입니다. 사단이 통치
하는 세상나라입니다. 이렇게 정체는 점점 더 밝혀지고 있습니다.
3절 보겠습니다.

"그 음행의 진노의 포도주를 인하여 만국이 무너졌으며 또 땅의 왕들
이 그로 더불어 음행하였으며 땅의 상고들도 그 사치의 세력을 인하
여 치부하였도다 하더라"

음행의 진노의 포도주를 인하여 만국이 무너졌으며 땅의 왕들이
그로 더불어 음행하였으며 땅의 장사꾼들도 그 사치의 세력을 인
하여 치부하였습니다. 4절 보겠습니다.

"또 내가 들으니 하늘로서 다른 음성이 나서 가로되 내 백성아, 거기
서 나와 그의 죄에 참예하지 말고 그의 받을 재앙들을 받지 말라"

하늘에서 음성이 나서 가로되 내 백성아 거기서 나와 그의 죄에

참예하지 말고 그의 받을 재앙들을 받지 말라고 합니다. 우리가 어떻게 살아야 하는지 성도들의 자세를 이야기하고 있습니다. 7절 보겠습니다.

> "그가 어떻게 자기를 영화롭게 하였으며 사치하였든지 그만큼 고난과 애통으로 갚아 주라 그가 마음에 말하기를 나는 여황으로 앉은 자요 과부가 아니라 결단코 애통을 당하지 아니하리라 하니"

바벨론이 멸망한 이유를 몇 가지로 요약합니다. 첫째로, 자기를 영화롭게 했습니다. 하나님께 영광돌리지 아니하고 자기에게 영광을 돌렸던 교만으로 멸망했습니다. 둘째로, 멸망의 원인이 사치라고 합니다. 셋째로, 스스로 나는 여황제라고 이야기 했습니다.

현시대의 상황을 보십시오. 세상나라를 보면 음녀는 음행을 통해서 세상나라를 장악하고 세상나라를 서서히 무너뜨리는 것을 보게 됩니다. 8절 보겠습니다.

> "그러므로 하루 동안에 그 재앙들이 이르리니 곧 사망과 애통과 흉년이라 그가 또한 불에 살라지리니 그를 심판하신 주 하나님은 강하신 자이심이니라"

하나님의 심판은 하루 동안에 그 재앙들이 이릅니다. 여기에서

"하루 동안"은 급속히 심판한다는 의미입니다. 본 절은 하나님의 심판의 급속성을 보여줍니다. 그들이 사망과 애통과 흉년과 불에 의해서 심판을 받습니다. 9절 보겠습니다.

"그와 함께 음행하고 사치하던 땅의 왕들이 그 불붙는 연기를 보고 위하여 울고 가슴을 치며"

음행하고 사치하던 땅의 왕들이 가슴을 치고 울며 통회하지만 그래도 받아들여지지 않는 마지막 때의 모습입니다. 10절 보겠습니다.

"그 고난을 무서워하여 멀리 서서 가로되 화 있도다 화 있도다 큰 성, 견고한 성 바벨론이여 일시간에 네 심판이 이르렀다 하리로다"

일순간에 네 심판이 이르렀습니다. 그래서 9절에는 세상 왕들의 애통입니다. 11절 보겠습니다.

"땅의 상고들이 그를 위하여 울고 애통하는 것은 다시 그 상품을 사는 자가 없음이라"

상인들의 애통입니다. 12~13절 보겠습니다.

"그 상품은 금과 은과 보석과 진주와 세마포와 자주 옷감과 비단과
붉은 옷감이요 각종 향목과 각종 상아 기명이요 값진 나무와 진유와
철과 옥석으로 만든 각종 기명이요 계피와 향료와 향과 향유와 유향
과 포도주와 감람유와 고운 밀가루와 밀과 소와 양과 말과 수레와
종들과 사람의 영혼들이라"

장사꾼들의 품목들이 나와 있습니다. 13절 끝에 보면 장사꾼들
의 품목들 중에는 사람의 영혼들도 들어가 있습니다. 우리가 사는
시대에도 비슷한 일들이 있습니다. 예를 들어 돈을 빌려서 못 갚으
면 신체포기 각서를 쓰라고 합니다. 그러나 본 절은 사람의 영혼들
을 사고파는 때가 온다는 것입니다. 14절 보겠습니다.

"바벨론아 네 영혼의 탐하던 과실이 네게서 떠났으며 맛있는 것들과
빛난 것들이 다 없어졌으니 사람들이 결코 이것들을 다시 보지 못하
리로다"

바벨론아 사람을 사고파는 네 영혼의 탐하던 과실이 네게서 떠
났다. 이런 것들이 너희 멸망의 이유, 원인이라는 것을 말씀하고
있습니다. 세상나라의 정체는 사치, 교만, 타락, 음행으로 가득한
것입니다. 17절 보겠습니다.

"그러한 부가 일시간에 망하였도다 각 선장과 각처를 다니는 선객들
과 선인들과 바다에서 일하는 자들이 멀리 서서"

철옹성 같고 난공불락(難攻不落)의 요새 같았던 바벨론이 일시
간에 멸망합니다. 사업을 크게하고, 교만하고 온갖 사치를 다해도
무너지지 않을 것 같지만 일시간에 무너지는 모습을 봅니다. 일시
간에 망하였다는 말은 19절 끝에도 반복됩니다. 20절 보겠습니다.

"하늘과 성도들과 사도들과 선지자들아 그를 인하여 즐거워하라 하
나님이 너희를 신원하시는 심판을 그에게 하셨음이라 하더라"

대조법을 등장시키고 있습니다. 하늘과 성도들과 사도들과 선지
자들아 너희는 즐거워하라고 합니다. 우리와는 해당되지 않습니
다. 그러나 너희는 속지 말고 거기에 참여하지 말라는 경고입니다.
21절부터는 "결코"라는 강력한 부정사를 반복적으로 쓰고 있습니
다. 23절 끝부분에도 보면 세상나라는 미혹되어서 망했습니다. 바
벨론은 사단이 통치하고 있는 세상나라를 의미합니다.

지금은 예수님이 통치하는 하나님의 나라와 사단이 통치하고 있
는 세상나라가 서로 대립하며 영적전투를 하고 있습니다. 결국에
는 어린 양이신 예수 그리스도가 승리했다는 것을 보여주지만, 오

늘 예수님을 믿는 성도들이 세상나라에 발을 딛고 있다고 세상 사람들처럼 돈으로 사치하면 안됩니다. 세상 사람들처럼 도에 지나친 사치를 따라 하지 말라고 경고하고 있는 것입니다.

오늘도 이 말씀 붙잡고 승리하시는 저와 여러분이 되시기를 축원합니다.

어린양의
혼인잔치

성경본문
계시록 19장 1절 ~ 21절

18

어린양의 혼인잔치

성경본문
계시록 19장: 1절 ~ 21절

계14장 – 재림하시는 예수님의 모습이 처음 나타납니다.

계14장: 14~20절 – 재림과 심판이 대조법을 쓰면서 보여주고 있습니다.

계14장~20장 – 거의 동시적으로 일어나는 일들입니다.

계16장 – 일곱 대접심판, 그리고 끝부분에서 천지가 소멸됩니다.

계17장~20장 – 앞의 내용에 대한 계시록의 결론입니다.(음녀, 짐승, 사탄심판)

계21장~22장 – 새 하늘과 새 땅, 그리고 새 예루살렘이 나옵니다.

　계시록 19장을 보면 재림의 모습을 대조법으로 보여주고 있습니다. 1절 보겠습니다.

　"이 일 후에 내가 들으니 하늘에 허다한 무리의 큰 음성 같은 것이 있
　　어 가로되 할렐루야 구원과 영광과 능력이 우리 하나님께 있도다"

　"하늘에 허다한 무리의 큰 음성"은 어린 양의 피로 인침을 받은 144,000의 성도들의 찬양소리입니다.
　구약성경에는 할렐루야 라는 찬양이 많이 나오지만 신약성경에서는 요한계시록에만 나옵니다. 왜 할렐루야 하면서 찬양하고 있을까요? 언약백성들이 찬양하는 이유는 무엇일까요? 2절 보겠습니다.

　"그의 심판은 참되고 의로운지라 음행으로 땅을 더럽게 한 큰 음녀를
　　심판하사 자기 종들의 피를 그의 손에 갚으셨도다 하고"

　첫째로, 찬양하는 이유는 그의 심판의 공의를 찬양합니다. 음행으로 땅을 더럽게 한 음녀를 심판한 것에 대한 공의로움을 찬양하는 것입니다. 3절 보겠습니다.

　"두 번째 가로되 할렐루야 하더니 그 연기가 세세토록 올라가더라"

두 번째 할렐루야가 나옵니다. 두 번째 할렐루야의 이유는 무엇일까요? 첫 번째는 어린 양의 인 맞은 자들이 찬양합니다. 그러나 두 번째는 4절 보겠습니다.

"또 이십사 장로와 네 생물이 엎드려 보좌에 앉으신 하나님께 경배하여 가로되 아멘 할렐루야 하니"

'이십사 장로' 는 구약과 신약의 대표입니다. 그리고 "네 생물"은 피조물의 대표입니다. 이십사 장로와 네 생물이 엎드려 보좌에 앉으신 하나님을 찬양하며 아멘 할렐루야 합니다. 왜 두 번째 찬양이 터져 나올까요? 7절 보겠습니다.

"우리가 즐거워하고 크게 기뻐하여 그에게 영광을 돌리세 어린 양의 혼인 기약이 이르렀고 그 아내가 예비하였으니"

두 번째 찬양의 이유는 어린 양의 혼인 기약이 이르렀기 때문입니다. 여기서 "어린 양의 혼인 기약"을 좀 더 정확하게 번역하면 "어린 양의 혼인 잔치"입니다. 8절 보겠습니다.

"그에게 허락하사 빛나고 깨끗한 세마포를 입게 하셨은즉 이 세마포는 성도들의 옳은 행실이로다 하더라"

"빛나고 깨끗한 세마포"는 성도들의 옳은 행실입니다. 9절 보겠습니다.

"천사가 내게 말하기를 기록하라 어린 양의 혼인 잔치에 청함을 입은 자들이 복이 있도다 하고 또 내게 말하되 이것은 하나님의 참되신 말씀이라 하기로"

천사가 내게 말하기를 기록하라 어린 양의 혼인 잔치에 청함을 입은 자들이 복이 있다고 말씀합니다. 예수님의 재림을 어린 양의 혼인 잔치로 묘사하고 있습니다. 어린 양의 혼인 잔치의 신랑은 예수 그리스도입니다. 신부는 누구입니까? 1차 해석은 교회입니다.

2차 해석은 우리 성도들입니다. 그래서 8절에 보면 우리 성도들이 정결한 신부로서 다 흰 세마포를 입는 모습을 보여주고 있습니다. 9절에도 어린 양의 혼인 잔치에 청함을 입은 자들, 즉 어린 양의 피로 인침을 받은 성도들이 신부로서 혼인 잔치에 참여하는 것같이 예수님의 재림을 맞이하는 장면을 어린 양의 혼인 잔치로 묘사하고 있는 것입니다.

어린 양의 혼인 잔치에 청함을 입은 자들이 복이 있다고 하면서 내게 이것은 하나님의 참되신 말씀이라고 하니 사도요한이 두렵고

떨려서 10절에 천사의 발 앞에 엎드려 경배하려 하니 나는 너와 및 예수의 증거를 받은 네 형제들과 같이 된 종이니 삼가 그리하지 말고 오직 하나님께 경배하라 합니다. 11절 보겠습니다.

"또 내가 하늘이 열린 것을 보니 보라 백마와 탄 자가 있으니 그 이름은 충신과 진실이라 그가 공의로 심판하며 싸우더라"

"하늘이 열린 것을 보니"에서 하늘이 열린 것은 완료형으로 되어 있습니다. 보라 백마 탄 자가 있으니 그 이름은 충신과 진실입니다. 백마 탄 자는 공의로 심판하시는 분입니다. 그리고 우리를 위해 싸우시는 분입니다. 그 백마 탄 자는 누구입니까? 12절 보겠습니다.

"그 눈이 불꽃 같고 그 머리에 많은 면류관이 있고 또 이름 쓴 것이 하나가 있으니 자기 밖에 아는 자가 없고"

백마 탄 자의 눈은 불꽃 같고 머리에는 많은 면류관이 있고 그 이름 쓴 것이 하나가 있으니 자기밖에 아는 자가 없습니다. 계속해서 13절 보겠습니다.

"또 그가 피 뿌린 옷을 입었는데 그 이름은 하나님의 말씀이라 칭하더라"

그가 보혈의 피로 물드린 옷을 입었습니다. 14절 보겠습니다.

"하늘에 있는 군대들이 희고 깨끗한 세마포를 입고 백마를 타고 그를
따르더라"

천군천사와 어린 양의 피로 인친 자들이 깨끗한 세마포를 입고
백마를 타고 그를 따릅니다. 계속해서 15~16절 보겠습니다.

"그의 입에서 이한 검이 나오니 그것으로 만국을 치겠고 친히 저희를
철장으로 다스리며 또 친히 하나님 곧 전능하신 이의 맹렬한 진노의
포도주 틀을 밟겠고 그 옷과 그 다리에 이름 쓴 것이 있으니 만왕의
왕이요 만주의 주라 하였더라"

재림하시는 예수 그리스도를 백마 타고 오시는 분으로 묘사하고
있습니다. 계시록 14장에서는 재림하시는 예수 그리스도를 구름타
고 오시는 분으로 묘사했습니다. 실제 예수님이 재림하실 때 구름
을 타고 오시거나 백마를 타고 오시는 것이 아니라 예수님의 재림
을 그렇게 묘사하고 있는 것입니다.

예수님이 재림하시는 것을 19장에서 다시 결론적으로 묘사하고

있습니다. 예수님의 재림을 어린 양의 혼인 잔치로 비유하고, 또 백마 타고 오시는 분으로 비유하고 있습니다. 17절부터는 예수님의 재림과 심판에 관한 말씀이 이어집니다. 17절 보겠습니다.

"또 내가 보니 한 천사가 해에 서서 공중에 나는 모든 새를 향하여 큰 음성으로 외쳐 가로되 와서 하나님의 큰 잔치에 모여"

한 천사가 공중에 나는 모든 새를 향하여 큰 음성으로 외쳐 가로되 하나님의 큰 잔치인 혼인 잔치에 모여, 18절에 보면 왕들의 고기와 장군들의 고기와 장사들의 고기와 말들과 그 탄 자들의 고기와 자유한 자들이나 종들이나 무론 대소하고 모든 자의 고기를 먹으라 합니다.

실제로 고기를 먹는 것이 아니라 14절의 전투에서 수많은 군대들이 따라 17~18절은 승리하는 모습을 보여줍니다. 무슨 전투에서의 승리입니까? 19절 전투의 승리입니다. 19절 보겠습니다.

"또 내가 보매 그 짐승과 땅의 임금들과 그 군대들이 모여 그 말 탄 자와 그의 군대로 더불어 전쟁을 일으키다가"

"그 짐승과 땅의 임금들과 그 군대들이 모여"에서 "그 짐승"은 적그리스도입니다. 적그리스도가 미혹하고 전쟁을 부추겨 땅의 임금들과 그 군대 이만만이 아마겟돈이라는 곳에 모여 그 말 탄 자 예수 그리스도와 그의 군대로 더불어 전쟁을 일으킵니다.

계시록 16장 16절을 보면 세 영이 히브리 음으로 아마겟돈이라 하는 곳으로 왕들을 모읍니다. 아마겟돈 전쟁의 시작입니다.

이 전쟁은 물리적인 전쟁이기도 하지만 영적인 전쟁을 보여주기도 합니다. 미혹을 당한 인류의 지도자들이 일으킨 아마겟돈 전쟁은 일곱 대접의 재앙이 쏟아지고 난 다음의 전쟁이기 때문에 우리와는 관계가 없습니다. 이 전쟁에서 예수 그리스도가 승리합니다. 그래서 20절 보겠습니다.

> "짐승이 잡히고 그 앞에서 이적을 행하던 거짓 선지자도 함께 잡혔으니 이는 짐승의 표를 받고 그의 우상에게 경배하던 자들을 이적으로 미혹하던 자라 이 둘이 산 채로 유황불 붙는 못에 던지우고"

전쟁에서 이들이 패하고 짐승인 적그리스도가 잡히고, 그리고 거짓 선지자들도 함께 잡혔으니 이는 짐승의 표를 받고 그의 우상에게 경배하던 자들을 이적으로 미혹하던 자들입니다. 이 둘이 산 채로 유황불 붙는 못에 던져집니다. 21절 보겠습니다.

> "그 나머지는 말 탄 자의 입으로 나오는 검에 죽으매 모든 새가 그 고기로 배불리우더라"

　그 나머지는 말 탄 자의 입으로 나오는 검에 죽으매 모든 새가 그 고기로 배불립니다. 이것은 17~18절의 상황을 묘사한 것입니다. 이렇게 14장부터 20장까지는 동시적으로 일어난 사건이고, 17장부터 20장까지는 앞에 있는 내용들에 대한 결론을 다시 우리에게 보여주고 있는 것입니다.

　19장은 예수님의 재림을 다시 묘사하고 있습니다. 그리고 인류의 마지막 전쟁입니다. 우리가 이 말씀으로 더불어 우리 자신을 점검하고 승리하시는 저와 여러분들이 되시기를 축원합니다.

천년왕국

성경본문
계시록 20장 1절 ～ 15절

19 천년왕국

성경본문
계시록 20장 1절 ~ 15절

계14장 – 재림하시는 예수님의 모습이 처음 나타납니다.

계14장: 14~20절 – 재림과 심판이 대조법을 쓰면서 보여주고 있습니다.

계14장~20장 – 거의 동시적으로 일어나는 일들입니다.

계16장 – 일곱 대접심판, 그리고 끝부분에서 천지가 소멸됩니다.

계17장~20장 – 앞의 내용에 대한 계시록의 결론입니다.(음녀, 짐승, 사탄심판)

계21장~22장 – 새 하늘과 새 땅, 그리고 새 예루살렘이 나옵니다.

20장에 이르러서 모든 결론이 마쳐지며, 또 하나의 결론은 21장 ~22장입니다. 그래서 요한계시록은 이중결론을 맺고 있는 것을 볼 수입니다. 그리고 요한계시록의 또 하나의 해석 방법은 모든 숫자는 상징적 숫자로 해석해야 합니다.

20장은 결론중의 결론이고 20장을 잘 못 해석하면 많은 문제점이 발생합니다. 그래서 20장은 중요하고, 또 난해한 부분도 많이 있습니다.

먼저 20장 해석에 앞서 계시록 9장 1절을 보면 다섯 번째 천사가 나팔을 불 때 "하늘에서 땅에 떨어진 별"은 이사야서 14장 12절에 "너 계명성이여 어찌 하늘에서 떨어졌느냐"라는 말씀과 일맥상통(一脈相通)합니다. 여기에서 "너 계명성"은 사단인 루시퍼를 묘사하고 있는데, 이 루시퍼가 하늘에서 별로 떨어지는 것을 묘사하고 있습니다.

"무저갱"은 타락한 사단을 결박해서 잠시 동안 가두어 놓는 감옥입니다. 계시록 9장 2절에서는 무저갱을 열쇠로 여니 거기에서 사단이 나왔습니다. 다시 계시록 20장 1절로 돌아가겠습니다.

"또 내가 보매 천사가 무저갱 열쇠와 큰 쇠사슬을 그 손에 가지고 하늘로서 내려와서"

천사가 무저갱의 열쇠와 큰 쇠사슬을 그 손에 가지고 하늘에서 내려왔습니다. 그리고 2절 보겠습니다.

"용을 잡으니 곧 옛 뱀이요 마귀요 사단이라 잡아 일천 년 동안 결박
하여"

그리고 용을 잡으니 곧 옛 뱀이요 마귀요 사단이라 잡아 일천 년
동안 결박하여 3절에 보면 무저갱에 던져 잠그고 그 위에 인봉하
여 천 년이 차도록 다시는 만국을 미혹하지 못하게 하였다가 그 후
에는 반드시 잠간 놓입니다. 본 절을 어떻게 해석해야 할까요? 사
단은 천 년 동안 무저갱에 갇혀 있었습니다.

천 년에 대한 해석을 문자적으로 해석하면 안됩니다. 왜냐하면
1,000이라는 숫자는 10×10×10입니다. 10은 하늘의 숫자입니다.
그래서 천 년을 문자적으로 해석할 것이 아니라 하늘의 수가 완전
히 차기 까지를 말하는 수로 해석해야 합니다. 5절 보겠습니다.

"(그 나머지 죽은 자들은 그 천 년이 차기까지 살지 못하더라) 이는
첫째 부활이라"

역시 천 년은 상징적인 숫자로서, 이것은 하늘의 수가 완전히 차
기 까지를 말하는 것입니다. 그래서 그 나머지 죽은 자들은 하나님
의 수가 완전히 차기까지 살지 못했다는 의미입니다. 사단이 타락

해서 하늘에서 떨어져 내려와서 하나님과 대적한 교만한 루시퍼 천사가 이 땅에서 계속 사람들을 미혹해서 죄를 짓도록 역사했습니다. 그러면 천 년 동안 무저갱에 사단이 갇혀 있는데 이 천 년은 언제부터 언제까지를 의미하는 것일까요? 이것은 성경전체를 살펴보아야 합니다.

예수님이 이 땅에 오신 목적이 무엇입니까? 첫 번째 목적은 우리를 구속하기 위해서입니다. 그러나 또 다른 목적도 계셨습니다. 그것은 사단을 박멸하기 위해서입니다. 예수님은 사단을 제어하시고, 박멸하시고, 결박하기도 하시고, 내어 쫓기도 하면서 치열한 영적전투의 실체가 드러나게 된 것입니다. 영적전투는 점점 더 치열해지면서 사단과 예수님과의 마지막 영적전투의 현장이 십자가입니다. 예수님이 죽으심으로 사단이 자기가 이긴 줄로 알았지만 삼일천하였습니다. 예수님이 다시 부활하심으로 사단은 완전히 패했습니다.

그리고 신약의 예수님을 믿는 성도는 예수님이 이미 승리하셨기 때문에 그 예수님을 믿고 좇아가기만 하면 우리는 영적전투에서 승리하게 됩니다. 이것이 신약성경 전체의 해석입니다.

예수님이 오심으로 사단과의 영적전투가 본격적으로 시작되었고요. 사단이 무저갱 속에 갇힌 것은 예수님의 십자가 사건 때입니다. 예수님이 십자가에서 죽으심으로 우리를 구속하셨을 뿐만 아니라 사단의 권세가 꺾이면서 그 때부터 사단은 무저갱 속에 갇혀 있는 것입니다. 그것이 9장 1절의 해석이고 20장의 해석입니다.

사단은 단수입니다. 그래서 사단은 무저갱 속에 갇혀 있지만 사단의 권세가 완전히 소멸된 것이 아니라 그 졸개들이 우리 성도와 대적하면서 계속 싸우고 있습니다. 그러나 이 영적전투는 이미 예수님께서 승리하신 싸움입니다.

그러면 무저갱 속에 갇혔던 사단이 언제 잠시 놓일까요? 예수님의 재림 직전입니다. 사단이 잠시 놓일 때 성도를 미혹하고 광분합니다. 그래서 짐승을 출현시키고 온 세상의 왕들을 미혹해서 이만만의 군대를 모아서 마지막 영적전쟁과 물리적 전쟁을 치루는 아마겟돈 전쟁을 보여줍니다. 그것이 사단의 최후 발악입니다.

사단은 자기의 때가 얼마 남지 않았다는 것을 알기 때문에 광분하며 최후 발악을 하는 것입니다. 그리고 예수 그리스도와 마지막 전투를 벌이는 것입니다. 우리는 이미 전 장에서 예수 그리스도가 승리하신 것을 보았습니다. "백마 타고 오시는 예수 그리스도"에서 "백마"는 마귀와 싸워서 박멸하시는 모습을 보여주는 것입니다.

또한 백마 타고 오시는 예수님은 심판자로 오시는 분입니다. 예수님은 재림과 함께 심판하러 오시는 분입니다. 재림 직전까지 사단은 마지막 최후의 광분을 하지만 재림하시면서 심판하시는 예수님에 의해서 음녀 심판, 그리고 짐승 심판, 그리고 마지막으로 사단이 심판을 받습니다. 20장은 결론중의 결론으로 최후 결론입니다. 모든 것이 다 끝나는 장면을 우리는 20장에서 보게 됩니다.

사단은 예수님의 십자가 사건 때 갇혔지만 그의 추종 세력들은 여전히 성도들을 괴롭히며 미혹하고 있습니다. 17장~20장은 결론으로 앞의 내용에 대한 반복입니다. 내용은 조금씩 다를 수 있지만 반복적으로 나오고 있는 것을 보게 됩니다. 다시 2절 보겠습니다.

"용을 잡으니 곧 옛 뱀이요 마귀요 사단이라 잡아 일천 년 동안 결박 하여"

"용을 잡으니 곧 옛 뱀이요"에서 용과 옛 뱀을 동격으로 처리하고 있습니다. 아담과 하와를 유혹했던 맨 처음 뱀이 바로 용이라고 이야기 합니다. 이것은 형상입니다. 실체는 마귀요 사단입니다. 역시 마귀와 사단을 동격처리하고 있습니다.

계속해서 2~3절에 보면 "잡다", "결박하다", "던지다", "잠그 다", "인봉하다" 등의 동사들이 나옵니다. 그래서 천 년 동안입니 다. 그리고 재림 직전에 잠간 놓입니다. 그리고 4절~6절은 삽입 목록이고, 3절 끝에서 7절로 이어집니다. 그러면 7절 보겠습니다.

"천 년이 차매 사단이 그 옥에서 놓여"

잠간 놓였다가 천 년이 차매 예수님 재림 직전에 사단이 그 옥에 서 놓여서 나와 사방 온 땅의 백성들을 미혹합니다. 우리가 계속 보아 왔는데 여기에 결론을 언급하고 있습니다. 8절에 보면 곡과 마곡을 미혹합니다. 에스겔 38장 2절에 나오는 최후전쟁을 가리키는 것입니다. 이 전쟁은 우리가 계속 보아온 마지막 전쟁인 아마겟돈 전쟁입니다. 아마겟돈 전쟁을 다시 다르게 표현 한 것입니다.

모아서 싸움을 붙이니 그 수가 바다 모래 같이 많습니다. 처음에 보았을 때는 이만만 이었습니다. 그리고 다음에는 셀 수 없이 많다고 했습니다. 그런데 본 절에서는 그 수가 바다 모래 같이 많다고 표현하고 있습니다. 이것은 다른 사건이 아니라 같은 사건을 다르게 묘사하고 있는 마지막 전쟁입니다. 우리는 이때 이미 천상에 있는 존재라고 했습니다. 그래서 우리와는 관계가 없다고 했습니다. 9절 보겠습니다.

"저희가 지면에 널리 퍼져 성도들의 진과 사랑하시는 성을 두르매 하늘에서 불이 내려와 저희를 소멸하고"

영적전투의 모습을 보여주고 있습니다. 여기에서 "저희를 소멸하고"는 사단이 소멸되는 것을 보여줍니다. 10절 보겠습니다.

"또 저희를 미혹하는 마귀가 불과 유황 못에 던지우니 거기는 그 짐승과 거짓 선지자도 있어 세세토록 밤낮 괴로움을 받으리라"

그래서 저희를 미혹하는 마귀가 불과 유황 못에 던지니 거기는 그 짐승과 거짓 선지자도 있어 영원토록 밤낮 괴로움을 받습니다. 이제 사단 심판이 끝난 것입니다. 먼저 음녀 심판, 그리고 짐승 심판, 또 적그리스도 심판, 그리고 거짓 선지자 심판이 있었고, 마지막으로 사단 심판입니다. 그래서 이제 모든 것이 끝납니다. 다시 앞으로 돌아와서 삽입목록 4절을 보겠습니다.

"또 내가 보좌들을 보니 거기 앉은 자들이 있어 심판하는 권세를 받았더라 또 내가 보니 예수의 증거와 하나님의 말씀을 인하여 목 베임을 받은 자의 영혼들과 또 짐승과 그의 우상에게 경배하지도 아니하고 이마와 손에 그의 표를 받지도 아니한 자들이 살아서 그리스도로 더불어 천 년동안 왕 노릇 하니"

내가 보좌들을 보니 거기 앉은 자들이 있어 심판하는 권세를 받았더라 또 내가 보니 예수의 증거와 하나님의 말씀을 인하여 목 베임을 받은 순교자들의 영혼과 또 짐승과 그의 우상에게 경배하지도 아니하고 666표를 받지 아니한 어린 양의 피로 이마에 인친 자들이 살아서 그리스도로 더불어 천 년 동안 왕 노릇합니다.

그러면 천 년 동안 왕 노릇한다는 것은 무엇을 말하며, 또 천 년은 언제부터 언제까지를 가리키는 것일까요?

천 년은 사단이 무저갱에 천 년 동안 갇히는 것과 같은 천 년입니다. 그래서 천 년을 쓰고 있는 것입니다. 6절에 보면 하나님과 그리스도의 제사장이 되어 천 년 동안 그리스도로 더불어 왕 노릇 하리라고 말씀하고 있습니다. 이렇게 6절 하반절은 천 년에 대한 부연설명을 하고 있는 것입니다. 사단이 무저갱에 천 년 동안 갇힌 것은 예수님의 십자가 사건부터 예수님의 재림 직전까지라고 했습니다. 천 년 동안 왕 노릇 하는 것도 바로 같은 기간입니다.

다시 말해서 예수님의 십자가 사건부터 예수님 재림 직전까지를 똑같은 천 년으로 예수님의 천 년 왕국을 보고 있습니다. 천 년 동안 직접 왕 노릇하는데 왕으로써 직접 다스리는 것이 아니라 제사장 노릇하면서 천 년 동안 왕 노릇하는 것입니다. 신약성경 전체와 합해지는 말씀입니다. 신약성도들은 예수님의 초림부터 예수님의 재림까지 천 년 동안 왕같은 제사장 노릇을 합니다.

왜 왕같은 제사장이라는 표현을 썼을까요? 하나님의 왕적 권세를 이어받은 그런 왕같은 제사장입니다. 그래서 우리는 겨우 기도만 하는 것이 아니라 하나님의 왕적 권세를 가지고 기도하는 것입니다. 우리는 사단의 권세를 물리치고 박멸할 수 있는 왕같은 제사장입니다.

그러므로 우리는 이 땅에서 시시하게 살면 안되고 비굴하게 살면 안된다는 것을 보여주고 있습니다. 우리의 신분을 다시 확립시켜주고 있습니다. 1세기의 성도들이 왕노릇 하면서 승리하며 살았듯이 오늘 21세기를 사는 성도들도 여전히 어려움 가운데 있지만 왕노릇 하며 끝까지 승리하는 삶을 살아야 합니다.

이것은 우리의 의무이자 권리인 것을 강력하게 알게 하기 위해서 4절과 6절에서 두 번 강조하고 있는 것을 보게 됩니다. 천 년 왕국은 실제적인 숫자의 천 년 왕국이 아닙니다. 5절 보겠습니다.

"(그 나머지 죽은 자들은 그 천 년이 차기까지 살지 못하더라) 이는
    첫째 부활이라"

나머지 죽은 자들은 누구를 말하는 것일까요? 예수님을 믿지 않고 죽은 자들입니다. 예수님을 믿지 않고 죽은 자들은 천 년 동안 살지 못하더라는 말은 영적으로 죽은 상태를 말합니다. 영적으로 죽어서 아무런 역사도 아무런 일도 하지 못하는 사람들입니다.

우리 하나님의 사람들은 살아서 왕같은 제사장 노릇을 하지만 예수님을 믿지 않는 사람들은 아무런 능력도 없다는 것을 대조적으로 보여주고 있는 구절입니다. 6절 보겠습니다.

"이 첫째 부활에 참예하는 자들은 복이 있고 거룩하도다 둘째 사망이
    그들을 다스리는 권세가 없고 도리어 그들이 하나님과 그리스도의
    제사장이 되어 천 년 동안 그리스도로 더불어 왕 노릇 하리라"

왜 첫째 부활 다음에 둘째 부활이라는 말을 쓰지 않고, 또 왜 첫

째 부활 다음에 첫째 사망이란 말은 쓰지 않고 둘째 사망이라는 말을 썼을까요? 이것은 1세기 성도들이 이미 알고 있는 내용이기 때문에 쓰지 않고 있는 것입니다.

첫째 부활에 참예하는 자들은 복이 있고 거룩합니다.

첫째 사망은 육신이 죽는 것입니다. 그러나 둘째 사망은 영원히 죽는 것입니다. 영원한 심판에 참예하는 것이 둘째 사망입니다. 첫째 부활에 참예하는 자들은 둘째 사망이 없습니다. 영원한 불 못에 참예하는 심판은 우리에게 없습니다. 왜냐하면 우리는 첫째 부활에 참예했기 때문입니다. 그러면 첫째 부활에 참예하는 것이 무엇입니까? 왕노릇 하는 것입니다. 첫째 부활은 영적 부활입니다. 둘째 부활은 우리가 영원히 사는 것입니다. 11절 보겠습니다.

"또 내가 크고 흰 보좌와 그 위에 앉으신 자를 보니 땅과 하늘이 그
  앞에서 피하여 간데없더라"

16장 끝부분을 다시 결론으로 말씀하고 있는 것입니다. 16장에서 천지가 다 없어졌는데 또 없어지는 것이 아니라 16장 끝부분을 다시 결론으로 말씀하는 것입니다. 12절 보겠습니다.

"또 내가 보니 죽은 자들이 무론 대소하고 그 보좌 앞에 섰는데 책들
  이 펴 있고 또 다른 책이 펴졌으니 곧 생명책이라 죽은 자들이 자기

행위를 따라 책들에 기록된 대로 심판을 받으니”

죽은 자들이 무론 대소하고 그 보좌 앞에 섰는데, 이것이 둘째 부활입니다. 이제 둘째 부활에서 다 심판을 받게 됩니다. 그런데 그 앞에 두 종류의 책들이 펴있습니다. 한 종류의 책은 “책들”로 복수로 되어 있고, 또 다른 한 종류의 책은 “책”으로 단수로 되어 있습니다. 단수로 되어 있는 책은 생명책입니다. 녹명(錄名)된 책입니다. 복수로 된 책들은 행위가 기록된 책들입니다. 믿는 사람들은 생명책에 기록이 되어 있기 때문에 심판을 받지 아니하고 예수님을 믿지 않고 죽은 자들은 행위에 따라 책들에 기록된 대로 모두 다 심판을 받는다는 말씀을 하고 있습니다. 13절 보겠습니다.

“바다가 그 가운데서 죽은 자들을 내어 주고 또 사망과 음부도 그 가운
데서 죽은 자들을 내어 주매 각 사람이 자기의 행위대로 심판을 받고”

예수님을 믿지 않고 죽은 자들을 내어 주고 또 사망과 음부도 그 가운데서 죽은 자들을 내어 주매 각 사람이 자기의 행위대로 심판을 받고 사망과 음부도 불 못에 던지우니 이것이 곧 둘째 사망입니다. 영원한 불 못입니다. 영원토록, 세세토록 참예하는 영원한 심판입니다. 누구든지 생명책에 기록되지 못한 자는 불 못에 던지웁니다.

20장으로서 천지도 소멸되고 사단까지 심판되는 모든 것이 다 종결되는 결론의 맨 마지막 결론부분을 우리는 보고 있는 것입니다.

사도요한이 20장에서 제일 강조하려고 하는 부분은 샌드위치 기법을 통해서 강조하려고 하는 부분인데(4절~6절사이) 왕같은 제사장입니다. 천지가 소멸되고 없어지고 사단이 심판받고 하는 것을 보여 주려고 하는 것이 목적이 아니라 너희의 의무와 책임이 무엇인지를 말하려고 하는 것입니다.

말세를 살아가는 우리 성도들에게 이 땅에서 방관자의 삶을 살아가라는 것이 아니라 왕같은 제사장으로 살아가라는 것을 강조하는 것입니다. 말씀위에 서서 이 땅에서 왕같은 제사장으로 살아가시는 저와 여러분들이 되시기를 축원합니다.

새 하늘과 새 땅

성경본문
계시록 21장 1절 ~ 27절

20

새 하늘과
새 땅

성경본문
계시록 21장 1절 ~ 27절

21장 1절 보겠습니다.

"또 내가 새 하늘과 새 땅을 보니 처음 하늘과 처음 땅이 없어졌고 바
다도 다시 있지 않더라"

사도요한이 마지막 장면을 보고 있습니다. 요한계시록의 이중결
론 중에 마지막 결론의 시작입니다. 새 하늘과 새 땅이 무엇입니

까? 새 하늘과 새 땅에 대한 해석은 두 개로 나누어집니다.

첫 번째 해석은 지구가 공중 분해되고 천지가 다 소멸되어 없어지는 것이 새 하늘과 새 땅에 대한 해석입니다. 두 번째 해석은 지구는 그대로 다 있고 하나님께서 짐승의 표 받은 자만 다 쓸어버리고 다시 시작하는 새 창조로 해석합니다. 첫 번째 해석을 믿든 두 번째 해석을 믿든 그것은 자유입니다. 어떤 것으로 믿어도 상관없습니다.

베드로후서 3장도 재림장입니다.

베드로후서 3장 4절에 보면, 사람들이 예수님의 강림(降臨) 하신다는 약속이 어디 있느냐 물을 때.

6절에 보면, 노아의 홍수를 예로 들고 있습니다.

세상은 물로 심판을 받았습니다. 7절에 보면, 종말 때에는 불로 심판한다는 말을 합니다. 10절에 보면, 주의 날이 도적같이 올 것이고, 그 날에는 하늘이 큰 소리로 떠나가고 체질(體質)이 뜨거운 불에 풀어지고 땅과 그 중에 있는 모든 일이 드러납니다. 여기에서 체질(體質)은 구성하고 있는 요소를 말합니다.

12절에도 보면, 하늘이 불에 타서 풀어지고 체질이 뜨거운 불에 녹집니다. 13절에 보면, 우리는 그의 약속대로 의의 거하는 바 새 하늘과 새 땅을 바라봅니다. 베드로는 새 하늘과 새 땅을 이렇게 위의 본문과 같이 표현하고 있습니다.

이렇게 되면 천지는 소멸되는 것으로 비중을 둘 수 있겠습니다.

계시록 16장 18절에 보면 번개, 음성들, 뇌성, 큰 지진이 계속 두 번 반복됩니다. 큰 지진은 전무후무(前無後無)한 큰 지진입니다. 큰 지진이 일어나고 20절에 보면 각 섬이 없어지고 산악도 간 데 없습니다. 이 현상은 지구 전체에 일어나는 현상이 아니라 부분적으로 일어나는 지진 현상입니다. 그리고 21절에 보면 중수가 70Kg이나 되는 우박이 내립니다. 우주가 다 소멸되었다면 이런 현상은 일어날 수가 없을 것입니다.

요한계시록 20장 11절 한 구절 더 보면, 땅과 하늘이 그 앞에서 피하여 간 데 없더라라고 했습니다.

다시 요한계시록 21장 1절로 돌아가서 보면, 하늘도 없어지고 바다도 없어졌습니다. 이정도 보았으면 우주가 다 소멸되는 것으로 보겠습니까? 아니면 하나님께서 지구는 그대로 보존하시고 새로운 시작으로 믿겠습니까? 어떻게 믿겠습니까?

그런데 계시록 21장 2절 끝부분에도 어린 양의 혼인 잔치가 열리는데 어린 양의 혼인 잔치가 실제로 열리는 것입니까? 아니면 혼인 잔치가 열리는 것같이 가장 아름다운 모습을 표현하는 것입니까? 실제로 어린 양의 혼인 잔치가 열리는 것이 아니라 가장 아름다움을 표현한 것입니다.

여자들이 제일 아름다울 때가 언제일까요? 신부화장 할 때입니다. 마치 어린 양의 혼인 잔치 같은 최상의 모습을 예수님 재림하는 모습으로 묘사하고 있는 것입니다.

다시 21장 2절을 보면 "거룩한 성 새 예루살렘"이 나옵니다. 옛날 예루살렘 성은 파괴되고 없어졌습니다. A.D.70년에 완전히 파괴되었습니다. 여기 "새 예루살렘"은 천국을 묘사하는 것입니다.

지금 "새 예루살렘"이 공중에서 내려오고 있다는 표현을 쓰고 있습니다. 그러면 실제적으로 내려오고 있는 표현입니까? 아니면 상징적인 표현입니까? 상징적인 표현입니다. 예수님의 재림은 분명히 있지만 "새 예루살렘"이 내려오는 것은 상징적인 표현입니다.

천국은 분명히 있고 우리가 그것을 믿지만 "새 예루살렘 성"이 내려오는 것은 실제적인 것이 아니라 상징입니다. 모든 이단은 계시록을 문자적으로 해석하고 있습니다. 실제로 천국이 금은보석으로 인테리어가 되어 있을까요? 상징일까요? 상징입니다. 하나님의 영광을 본 사도요한이 그것을 최상으로 표현한 것이지 천국의 실제가 그것이 아닙니다.

사도요한이 눈에 본 것을 표현한 것이지 실제로 우주가 공중 분해되고 우주가 다 없어지는 것은 아닙니다. 물론 여러분들이 다 없어지는 것으로 믿어도 관계없습니다. 또 그렇게 주장하는 신학자들도 많이 있습니다.

베드로후서를 보면 노아의 홍수와 비교하고 있습니다. 물심판과 불심판입니다. 요한계시록은 하나님께서 심판하시는 것을 더 강조합니까? 아니면 하나님의 택하신 백성들을 구원하시는 것을 더 강조할까요? 하나님께서 택하신 백성들을 구원하시는 것을 더 강조합니다. 노아의 홍수도 하나님의 심판이 초점이 아니라 노아의 가족들을 구원하시는 것에 더 비중을 두어 왔습니다.

그래서 하나님께서는 노아의 홍수를 통해서 지구를 없애버릴 필요는 없으셨습니다. 범죄한 인간, 즉 하나님을 배신한 인간들만 멸절시키고 그대로 다시 시작하는 갱신의 차원이지 지구를 없애는 것이 아니듯이 계시록도 성경은 그렇게 비유하고 있는 것입니다. 지구를 굳이 없앨 필요가 없으셨습니다.

노아가 눈으로 본 그대로 다 없어졌지만, 그러나 다 없어진 것이 아니라 물이 빠졌던 것같이 사도요한도 눈으로 볼 때는 다 없어진 것같이 보이지만 그것이 다 없어진 것이 아니라 눈으로 본 부분적인 것을 표현하고 있는 것입니다. 그리고 출애굽의 10가지 재앙과 마지막 계시록의 재앙들은 일맥상통(一脈相通)하고 있다는 것을 우리에게 보여 줍니다.

우주가 다 소멸되고 없어지는 것이 아니라 하나님께서 우주는 놓아두고 재앙들을 통해서 다시 새로운 시작을 의미합니다. 하나님의 새 창조를 시작하는 것입니다. 그래서 그것이 새 하늘과 새 땅이라는 것을 믿고 싶은 것입니다. 그러나 제가 두 가지를 소개하는 것은 마지막 부분에서 조심스럽게 접근을 해 나가기 위해서입니다. 계시록 21장 10절 보겠습니다.

"성령으로 나를 데리고 크고 높은 산으로 올라가 하나님께로부터 하늘에서 내려오는 거룩한 성 예루살렘을 보이니"

성령으로 나를 데리고 크고 높은 산으로 올라가서 새 예루살렘 천국의 모습을 보여줍니다. 그러면 실제로 높은 산으로 올라간 것입니까? 상징적인 것입니까? 상징적인 것입니다. 다 없어졌는데 높은 산이 어디 있겠어요. 사도요한이 본 모든 것들은 상징적인 것입니다. 실제 용이 튀어 나오는 것이 아니라 용같은 모습을 한 사단의 실체를 표현하는 것입니다.

21장 2절 보면 하늘에서 내려오는 새 예루살렘 성이 마치 신부가 남편을 위하여 신부화장 한 것같이 최상의 모습을 어린 양의 혼인 잔치로 묘사한 것입니다. 3절 보겠습니다.

"내가 들으니 보좌에서 큰 음성이 나서 가로되 보라 하나님의 장막이 사람들과 함께 있으매 하나님이 저희와 함께 거하시리니 저희는 하나님의 백성이 되고 하나님은 친히 저희와 함께 계셔서"

이제 천국의 모습을 보여주고 있습니다. 반복되는 단어는 '함께'라는 단어입니다. 그리고 4절 보겠습니다.

"모든 눈물을 그 눈에서 씻기시매 다시 사망이 없고 애통하는 것이나 곡하는 것이나 아픈 것이 다시 있지 아니하리니 처음 것들이 다 지나갔음이러라"

모든 눈물을 그 눈에서 씻기십니다. 우리 가운데 육신적으로 병을 앓고 있는 사람들도 있지만 하나님은 우리와 함께 계시고 회복시키시는 장면을 계속 보여줍니다. 5절 보겠습니다.

"보좌에 앉으신 이가 가라사대 보라 내가 만물을 새롭게 하노라 하시고 또 가라사대 이 말은 신실하고 참되니 기록하라 하시고"

보좌에 앉으신 이가 가라사대 보라 내가 만물을 새롭게 하노라고 말씀하십니다. 6절 보겠습니다.

"또 내게 말씀하시되 이루었도다 나는 알파와 오메가요 처음과 나중이라 내가 생명수 샘물로 목마른 자에게 값없이 주리니"

"생명수 샘물로 목마른 자에게 값없이 주신다고 말씀하십니다. 우리가 전 장들을 보면 식수가 다 오염되었습니다. 그런데 다시 회복시키시는 것입니다. 이 회복이 또 22장으로 넘어가서는 에덴의 회복으로 이어지고 있습니다. 노아의 홍수로 다 쓸어버렸던 것을 회복시키듯 본 장은 하나님이 하나 씩 하나 씩 다 회복시키시는 모습을 볼 수 있습니다.

21장은 1절~8절까지가 첫 번째 결론인데, 그 결론은 7~8절에서 이야기 합니다. 먼저 7절에서 결론을 이야기 합니다. 천국, 즉 새 예루살렘은 누가 들어갈 수 있습니까? 유업으로 얻을 자가 누구입니까? 이기는 자가 유업으로 얻습니다. 서론에 이야기한 소아시아 일곱 교회 이야기에서 계속 이기는 자를 결론으로 끌어낸 것입니다. 어떤 시험도 환란도 아픔도 고통도 끝까지 이기는 자가 이것들을 유업으로 얻습니다. 나는 저의 하나님이 되고 그는 내 아들이 되리라고 말씀하십니다. 8절 보겠습니다.

"그러나 두려워하는 자들과 믿지 아니하는 자들과 흉악한 자들과 살인자들과 행음 자들과 술객들과 우상 숭배자들과 모든 거짓말하는 자들은 불과 유황으로 타는 못에 참예하리니 이것이 둘째 사망이라"

대조법으로 묘사하고 있습니다. 두려워하는 자들과 흉악한 자들과 모든 거짓말하는 자들은 둘째 사망에 참예하는 자들입니다. 여기에서 "거짓말하는 자들"은 윤리적인 거짓말이 아니라 황제 우상 숭배 할 때 거짓으로 나 하나님 안믿겠다 하고 그 자리를 벗어난 사람들을 염두에 두고 하는 말입니다.

12절부터 보면 계속 12라는 숫자가 나옵니다. 12는 완전수라고 했습니다. 실제적인 수가 아니라 완전수를 묘사하고 있는 것입니다. 특별히 16절 보겠습니다.

"그 성은 네모가 반듯하여 장광이 같은지라 그 갈대로 그 성을 척량
하니 일만 이천 스다디온이요 장과 광과 고가 같더라"

천국, 즉 새 예루살렘의 길이를 척량하니 12,000스다디온이라
하고 있습니다. 12,000스다디온은 1,500마일입니다. 한반도의 한
15배 정도의 크기입니다. 그러나 이것은 실제적인 천국의 사이즈
가 아니라 12의 완전수를 가리키는 모습입니다. 완전을 상징하는
모습입니다. 17절 보겠습니다.

"그 성곽을 척량하매 일백사십사 규빗이니 사람의 척량 곧 천사의 척
량이라"

높이가 144규빗은 12×12입니다. 천국이 완전한 것을 상징적으
로 보여줍니다. 18절부터 보석 하나 하나의 색깔을 두고 해석하려
고 하면 안됩니다. 바로 최상의 모습으로 묘사하고 있습니다. 22절
보겠습니다.

"성 안에 성전을 내가 보지 못하였으니 이는 주 하나님 곧 전능하신
이와 및 어린 양이 그 성전이심이라"

성 안에 성전을 내가 보지 못하였다는 말은 성 안에 성전이 없다는 뜻입니다. 성 안의 성전은 하나님과 어린 양이 성전이라는 것입니다. 오늘 우리가 예배드리는 모습과 예배당의 모습이 아니라는 것입니다. 23절 보겠습니다.

> "그 성은 해나 달의 비침이 쓸데없으니 이는 하나님의 영광이 비취고
> 어린 양이 그 등이 되심이라"

그 성은 해나 달의 비침이 쓸데없다는 말은 해와 달이 필요가 없다는 말이 아니라 해와 달의 비침이 쓸데없을 만큼 하나님의 영광의 광체가 그렇게 비췬다는 것을 상징적으로 표현하고 있습니다. 27절 보겠습니다.

> "무엇이든지 속된 것이나 가증한 일 또는 거짓말하는 자는 결코 그리
> 로 들어오지 못하되 오직 어린 양의 생명책에 기록된 자들뿐이라"

두 번째 최종 결론을 우리에게 주고 있습니다. 천국, 즉 새 예루살렘은 누가 들어가는가? 오직, 결코라는 강력한 부정사를 쓰고 있습니다. 천국, 즉 새 예루살렘은 오직 어린 양의 생명책에 기록된 사람들만 들어갑니다. 우리는 어린 양의 생명책에 기록되었을까요? 안되었을까요? 기록되었습니다. 할렐루야!

이기는 자, 또 생명책에 기록된 자만이 천국에 들어갈 수 있다는 것을 믿고 승리하시는 저와 여러분들이 되시기를 축원합니다.

완전한 회복

성경본문
계시록 22장 1절 ~ 21절

21 완전한 회복

범죄로 말미암아 하나님의 재앙이 모든 식수의 근원을 오염시키셨습니다. 그래서 그 물을 먹는 자마다 다 죽었습니다. 첫 번째 회복은 22장 1절입니다.

"또 저가 수정같이 맑은 생명수의 강을 내게 보이니 하나님과 및 어린 양의 보좌로부터 나서"

첫 번째 회복은 "맑은 생명수"입니다. 17절 끝부분에서도 "생명수"가 나옵니다. 하나님의 완전한 회복입니다. 이것은 물론 상징적

인 것입니다. 실제로 천국에 생명수가 흐르는 것이 아니라 상징화
되어진 것을 보여주고 있습니다.

그런데 이 생명수는 어디서부터 흘러내립니까? 하나님과 및 어
린 양의 보좌로부터 흘러내립니다. 예수 그리스도를 통한 완전한
회복입니다. 에덴의 회복입니다. 에덴에서부터 강이 갈라지면서
생명수가 흐르듯이 예수 그리스도를 통한 완전한 회복을 말씀하십
니다. 이것이 첫 번째 회복입니다. 2절 보겠습니다.

"길 가운데로 흐르더라 강 좌우에 생명나무가 있어 열두 가지 실과를
맺히되 달마다 그 실과를 맺히고 그 나무 잎사귀들은 만국을 소성하
기 위하여 있더라"

길 가운데로 흐르더라 강 좌우에 뭐가 있습니까? 생명나무가 있
습니다.

창세기 3장 22절 끝부분에 보면 생명나무는 영생을 상징합니다.
생명나무의 실과를 먹으면 영생할 수 있었지만 아담과 하와가 범
죄 함으로 에덴동산에서 쫓겨나고 생명나무 실과를 먹지 못하게
하고 에덴동산으로 들어가는 길을 차단하셨습니다.

그래서 그 이후로 누구도 에덴동산을 찾을 수가 없었습니다. 그
런데 요한계시록 22장 2절에서 다시 생명나무로 들어가는 길이 열
린 것입니다. 계시록 22장 14절 말씀을 보면 이는 저희가 생명나무

에 나아간다고 그랬습니다. 생명나무로 나아가는 에덴동산의 길을 막으셨는데, 이제는 그 길을 열어 두셨습니다. 완전한 에덴의 회복을 말씀하고 계십니다. 19절에도 생명나무가 기록됩니다.

이 모든 것은 어린 양이신 예수 그리스도를 통한 완전한 회복입니다. 그래서 우리 심령 속에도 예수 그리스도가 들어오시면 완전한 회복이 됩니다. 나라와 민족, 가정, 교회, 공동체에도 예수 그리스도가 들어오시면 완전한 회복이 됩니다. 그래서 우리는 예수 그리스도를 전해야 할 당위성이 있는 것입니다. 22장 2절 끝부분을 보면 달마다 그 실과를 맺히고 그 나무 잎사귀들은 만국을 소성하기 위하여 있습니다. 이것은 예수 그리스도를 통한 풍성한 삶을 말하고 있습니다. 2절 말씀은 에스겔서 47장의 성취입니다. 에스겔서 47장을 보면 하나님의 제단에서 생명수 물이 흘러 내려와서 죽은 땅을 살리고, 그리고 많은 실과를 맺히는 장면이 나오고 있습니다. 바로 에스겔서 47장의 완전한 회복입니다. 3절 보겠습니다.

"다시 저주가 없으며 하나님과 그 어린 양의 보좌가 그 가운데 있으리니 그의 종들이 그를 섬기며"

완전한 회복에는 다시 저주가 없다는 말씀입니다. 어린 양이신 예수 그리스도 때문입니다. 노아의 홍수 때도 노아의 홍수로 세상을 다 쓸어 버리셨지만 노아가 하나님께 단을 쌓을 때 하나님께서 무지개를 보여주시면서 언약을 세우시면서 내가 다시는 물로 심판하지 않겠다는 그 말씀이 본 절에 해당됩니다. 4절 보겠습니다.

"그의 얼굴을 볼 터이요 그의 이름도 저희 이마에 있으리라"

완전한 회복이 계속 이어집니다. 하나님의 얼굴을 봅니다. 아담과 하와가 범죄한 후에 에덴동산에서 쫓겨난 이후 인간은 하나님을 볼 수가 없습니다. 출애굽기 33장 20절에 보면 누구든지 인간이 하나님을 보면 죽으리라고 했습니다. 에덴동산에서는 하나님과 대면했고 하나님과의 관계가 지속되었지만 범죄한 후에 하나님과의 관계가 완전히 단절된 것입니다. 하나님을 볼 수 조차 없습니다. 위대한 모세도 하나님의 일부분을 볼 수 있을 뿐이었습니다. 하나님은 당신의 이름조차 우리에게 완전하게 계시해 주지 않으셨습니다.

그런데 하나님의 얼굴을 볼 터이요. 이것은 하나님과의 완전한 관계의 회복입니다. 완전한 회복은 3절 끝에 우리가 하나님과 예수 그리스도를 섬기는 것이고, 5절 끝부분에는 누리는 삶입니다. 이 누리는 삶은 왕노릇 하는 삶입니다.

여기에서 왕은 세속적 통치자 같은 왕이 아닙니다. 창세기 1장 28절에 하나님께서 짐승들을 창조하시고, 다음에 우리 인간을 창조하셔서 우리 인간에게 주신 특별한 명령이 두 가지 있습니다. 그것은 정복하고 다스리는 것입니다. 에덴동산에서 아담은 하나님으로부터 통치를 위임받았습니다.

그래서 아담이 이름을 지으면 그대로 되었습니다. 바로 왕노릇하는 삶은 그것을 의미하는 것입니다. 섬기며 누리는 삶은 우리가 사는 현재에서도 나타나야 할 줄 믿습니다. 섬기는 삶이 하나님과의 완전한 관계의 회복입니다. 우리는 무엇을 하든지 섬기는 삶을 살아야 합니다.

이제는 이 땅에서도 누리는 삶, 즉 정복하고 다스리는 삶을 살아야 합니다. 우리는 하나님의 통치를 위임받아 정복하고 다스리는 삶을 살아야 합니다. 6절부터는 결론의 결론입니다. 마지막 결론의 최종 결론입니다. 에필로그에 해당됩니다.

마지막 결론을 종합해 보면 몇 가지로 볼 수 있습니다. 첫 번째는 7절입니다.

"보라 내가 속히 오리니 이 책의 예언의 말씀을 지키는 자가 복이 있으리라 하더라"

요한계시록에는 7번 복을 이야기 하는데 22장에 두 번 나옵니다. 복있는 자는 말씀을 지키는 자가 복이 있다고 하고 있습니다. 요한계시록 1장 3절에는 읽는 자와 듣는 자들과 지키는 자들이 복이 있다고 했지만 본 절은 말씀을 지키라는 것입니다. 10절 보겠습니다.

"또 내게 말하되 이 책의 예언의 말씀을 인봉하지 말라 때가 가까우
 니라"

인봉하는 것은 비밀이고 밝혀지지 않는 것이지만 인봉하지 말라
는 말은 빨리 보여주고 증거 하라는 것입니다. 그만큼 시급한 것을
말씀하고 있습니다. 사도요한은 그냥 내가 말하는 것이 아니라 하
나님의 말씀이라는 말씀의 권위를 강조하고 있습니다. 16절 보겠
습니다.

"나 예수는 교회들을 위하여 내 사자를 보내어 이것들을 너희에게 증
 거하게 하였노라 나는 다윗의 뿌리요 자손이니 곧 광명한 새벽 별이
 라 하시더라"

나 예수는 교회들을 위하여 내 사자를 보내어 이것들을 너희에
게 증거하게 하였노라라고 말씀합니다. 18절 보겠습니다.

"내가 이 책의 예언의 말씀을 듣는 각인에게 증거하노니 만일 누구든
 지 이것들 외에 더하면 하나님이 이 책에 기록된 재앙들을 그에게
 더하실 터이요 19만일 누구든지 이 책의 예언의 말씀에서 제하여 버

리면 하나님이 이 책에 기록된 생명나무와 및 거룩한 성에 참여함을
제하여 버리시리라"

이 예언의 말씀을 누구든지 더하거나 19절에 이 예언의 말씀을
제하여 버리면 이 책에 기록된 생명나무와 및 거룩한 성에 참예함
을 제하여 버리시리라고 강력한 말씀을 합니다. 20절 보겠습니다.

"이것들을 증거하신 이가 가라사대 내가 진실로 속히 오리라 하시거
늘 아멘 주 예수여 오시옵소서"

이것들을 증거하신 이가 가라사대 내가 진실로 속히 오리라고
말씀하십니다.
첫 번째로는 말씀의 권위를 강조합니다. 말씀을 더하거나 빼거
나 하는 자는 영생을 얻지 못하리라고 말씀합니다. 그래서 이 말씀
은 그냥 사도요한이 보고 들은 것이 아니라 하나님의 말씀인 것을
계속 강조하고 있습니다. 두 번째 결론의 결론은 계속 반복되는 7
절입니다.

"보라 내가 속히 오리니 이 책의 예언의 말씀을 지키는 자가 복이 있
으리라 하더라"

보라 내가 속히 오리라. 12절에도 보라 내가 속히 오리라고 합니다. 그리고 20절에도 내가 진실로 속히 오리라고 말씀합니다.

요한계시록 1장 1절에 보면 반드시 속히 될 일이라는 말씀으로 계시록을 시작합니다. 이제 맨 마지막 결론에, 결론을 마치면서도 속히 오리라라고 할 때 성도들의 대답은 20절에 "아멘 주 예수여 오시옵소서"라고 합니다.

이때 22절은 화답의 말씀으로 "주 예수의 은혜가 모든 자들에게 있을찌어다 아멘" 합니다.

마지막 결론의 결론 말씀은 7절로, 이 예언의 말씀을 꼭 지킬 것을 우리에게 말씀하고 있습니다.

요한계시록 강해

위대한 승리자들

초판 인쇄 2007년 11월 7일
초판 발행 2007년 11월 14일

지은이 박 성 문
발행인 이 명 수
발행처 도서출판 세줄(등록번호 2-4000)
    서울시 중구 인현동 1가 111-6
    ☎ 02)2265-3749
총 판 선교횃불 ☎ 02)2203-2739 FAX. 2203-2738

ISBN 978-89-92211-09-3
판 권 ⓒ 박성문 2007

값 10,000 원